# L'UTILITÉ DE L'INUTILE

# Du même auteur

*Une année avec les classiques*, Paris, Les Belles Lettres, 2015.

*Les portraits de Gabriel García Márquez. La répétition et la différence*, Paris, Les Belles Lettres, 2012.

*Trois couronnes pour un roi. La devise d'Henri III et ses mystères*, Paris, Les Belles Lettres, 2011.

*Les classiques, les paradoxes et la « vérité toujours en exil »*, in *Avec George Steiner*, Paris, Albin Michel, 2010, p. 117-122.

« Défendons les écoles, les universités et les classiques », in *La Règle du Jeu*, 44 (2010), p. 125-133.

*Le rendez-vous des savoirs. Littérature, philosophie et diplomatie à la Renaissance*, préface de Michel Simonin, Paris, Les Belles Lettres, 2009².

*La comédie entre politique et philosophie*, in Machiavel, *Mandragola / La Mandragore*, texte établi par Pasquale Stoppelli, introduction, traductions et notes de Paul Larivaille, suivi d'un essai de Nuccio Ordine, Paris, Les Belles Lettres, 2008, p. 87-160.

*Le mystère de l'âne. Essai sur Giordano Bruno*, avant-propos d'Ilya Prigogine, préface d'Eugenio Garin, Paris, Les Belles Lettres, nouvelle édition, 2005.

*Le seuil de l'ombre. Littérature, philosophie et peinture chez Giordano Bruno*, préface de Pierre Hadot, Paris, Les Belles Lettres, 2003.

« L'hôte "ingrat". La fonction des classiques et de l'enseignement chez George Steiner », in *Cahier de L'Herne. Steiner*, Paris, Éditions de L'Herne, 2003.

*Les tromperies de l'ignorance : le* Chandelier *entre réalité et apparence*, in Giordano Bruno, *Œuvres complètes I. Chandelier*, introduction philologique générale de Giovanni Aquilecchia, texte établi par Giovanni Aquilecchia, introduction et notes par Giorgio Bárberi Squarotti, avec un essai de Nuccio Ordine, traduction de Yves Hersant, Paris, Les Belles Lettres, 2003.

*Introduction* aux *Traités sur la nouvelle à la Renaissance. Bonciani, Bargagli, Sansovino*, Paris-Turin, Vrin – Nino Aragno Editore, 2002.

*Introduction* à Vincenzo Spampanato, *Vita di Giordano Bruno*, Paris-Turin, Les Belles Lettres – Nino Aragno Editore, 2000.

*Introduction* à Giordano Bruno, *Expulsion de la bête triomphante. Œuvres complètes. V*, texte établi par Giovanni Aquilecchia, traduction de Jean Balsamo, notes par Maria Pia Ellero, Paris, Les Belles Lettres, 1999.

*Postface* à L'Arétin, *Ragionamenti*, t. II, texte établi par Giovanni Aquilecchia, traduction et notes de Paul Larivaille, Paris, Les Belles Lettres, 1999.

*Introduction* à Le Tasse, *Discours sur le dialogue*, traduction de Florence Veuilleumier, notes de Guido Baldassarri, Paris, Les Belles Lettres, 1992.

*Introduction* à Émile Picot, *Les Italiens en France au XVI<sup></sup>e siècle*, Rome, Vecchiarelli, 1995 [réimpression de l'édition de Bordeaux 1918].

Nuccio Ordine

# L'utilité de l'inutile

MANIFESTE

Suivi d'un essai d'Abraham Flexner

*Traductions*
*de Luc Hersant et Patrick Hersant*

*Pluriel*

Couverture : Rémi Pépin
Illustration © iStock / shoo_arts

ISBN : 978-2-818-50447-5

Dépôt légal : avril 2016

Librairie Arthème Fayard / Pluriel, 2016.

*À Rosalia*

# INTRODUCTION
## de
## Nuccio Ordine

*Et c'est précisément le rôle de la philosophie de révéler aux hommes l'utilité de l'inutile ou, si l'on veut, de leur apprendre à distinguer entre deux sens du mot utile.*

Pierre Hadot, *Exercices spirituels et philosophie antique.*

L'oxymore qui constitue le titre de cet essai — *L'Utilité de l'inutile* — appelle quelques éclaircissements. La paradoxale « utilité » dont je voudrais parler ici n'a rien à voir avec celle au nom de laquelle les savoirs humanistes et, de manière plus générale, les savoirs qui ne produisent aucun profit en viennent à être considérés comme inutiles. Prenant le terme dans une acception bien plus universelle, j'ai voulu réfléchir sur l'idée d'une utilité de ces savoirs dont la valeur essentielle est complètement détachée de toute finalité utilitaire. Certains savoirs sont en effet des fins en soi et — précisément parce qu'ils sont par nature gratuits, désintéressés et éloignés de toute obligation pratique et commerciale — ils peuvent jouer un rôle fondamental dans la formation de l'esprit et dans l'élévation du niveau de civisme et de civilisation de l'humanité. Dans cette perspective, je considère alors comme *utile* tout ce qui nous aide à devenir meilleurs.

Mais la logique du profit mine, en leurs fondements mêmes, ces institutions (écoles, universités, centres de recherche, laboratoires, musées, bibliothèques, archives) et ces disciplines (humanistes et scientifiques) dont la valeur devrait ne résider que dans le savoir pour le savoir, indépendamment de toute capacité de produire des rendements immédiats ou pratiques. Bien sûr, les musées ou les sites archéologiques peuvent aussi très souvent dégager des bénéfices considérables. Mais leur existence même — contrairement à ce que certains voudraient nous faire croire — ne saurait être subordonnée au montant de leurs recettes : la vie d'un musée ou d'un chantier de fouilles archéologiques, tout comme celle d'un centre d'archives ou d'une bibliothèque, est un trésor que la collectivité doit jalousement préserver à tout prix.

Voilà pourquoi il n'est pas vrai qu'en temps de crise économique tout soit permis, ni que les variations du *spread* puissent justifier l'écrasement systématique de tout ce qui n'est pas utile sous le rouleau compresseur de la rigueur et de la réduction des dépenses. L'Europe ressemble désormais à un théâtre sur la scène duquel viennent surtout s'exhiber, chaque jour, des créanciers et des débiteurs. Plus aucune réunion publique ni sommet économique où l'obsession budgétaire ne constitue l'unique thème à l'ordre du jour. Pris dans une sorte de tourbillon, le souci légitime de rembourser la dette est devenu si obsessionnel qu'il finit par provoquer des conséquences diamétralement opposées à l'effet recherché. Comme l'ont observé divers économistes, la cure d'austérité, bien loin de guérir le malade, semble devoir inexorablement l'affaiblir toujours davantage. Indépendamment de la question de savoir pour quelles raisons les entreprises et les États se sont endettés à ce point, on ne peut que s'étonner de voir comment la rigueur épargne la corruption galopante et les rémunérations fabuleuses d'anciens politiciens, de manageurs, de banquiers et de superconsultants, et de constater que les nombreux acteurs de la dérive récessionniste ne sont en rien troublés par le fait que ceux qui en paient le prix sont surtout les classes moyennes et les plus faibles, ces millions d'innocents à qui l'on enlève leur dignité !

Il ne s'agit pas de décliner stupidement toute responsabilité dans la persistance des déficits. Mais il n'est pas non plus possible d'ignorer la destruction systématique de toute forme d'humanité et de solidarité : à l'instar de Shylock dans *Le Marchand de Venise*, les banques et les créanciers réclament impitoyablement une livre de chair au débiteur qui ne peut les rembourser. Ainsi plusieurs entreprises (qui ont pourtant bénéficié durant des décennies de la privatisation des profits et de la mutualisation des pertes) imposent-elles aux ouvriers de cruels licenciements, pendant que les gouvernements détruisent les emplois, l'instruction, l'assistance sociale aux plus défavorisés et le système de santé publique. « Le droit d'avoir des droits » — pour reprendre le titre d'un grand essai de Stefano Rodotà, inspiré d'une phrase de Hannah Arendt — finit par être en réalité soumis à la domination du marché, avec le risque d'une disparition progressive de toute forme de respect envers les personnes. En transformant les hommes en marchandises et en argent, ce mécanisme économique pervers a donné naissance à un monstre sans patrie et sans pitié, qui finira par ôter tout espoir même aux générations futures.

Les efforts hypocrites pour empêcher une sortie de la Grèce hors de l'Europe (mais aussi, un jour peut-être, celle de l'Italie ou de l'Espagne) sont seulement le résultat d'un calcul cynique (selon lequel le prix à payer serait encore plus grand que celui provoqué par un défaut de remboursement de la dette), et non pas l'expression d'une authentique culture politique fondée sur l'idée qu'une Europe privée de la Grèce serait inconcevable étant donné le vieil enracinement des savoirs occidentaux dans la langue et la civilisation grecques. Les dettes contractées auprès des banques et de la finance peuvent-elles donc nous conduire à effacer d'un seul coup d'éponge d'autres *dettes* bien plus importantes, celles que, au cours des siècles, nous avons contractées auprès de ceux qui nous ont légué un extraordinaire patrimoine artistique et littéraire, musical et philosophique, scientifique et architectural ?

Face à une telle brutalité, l'utilité des savoirs inutiles s'oppose radicalement à l'utilité dominante qui, pour des intérêts purement économiques, est en train de tuer progressivement la mémoire du passé, les disciplines humanistes, les langues classiques, l'instruction, la libre recherche, la fantaisie, l'art, la pensée critique, et les conditions mêmes de la civilisation qui devraient être l'horizon de toute activité humaine. Dans le monde de l'utilitarisme, en effet, un marteau vaut davantage qu'une symphonie, un couteau davantage qu'un poème, une clé anglaise davantage qu'un tableau, car il est facile de comprendre l'efficacité d'un outil, mais il est plus difficile de comprendre à quoi peuvent servir la musique, la littérature ou l'art.

Rousseau avait déjà noté que « les anciens politiques parlaient sans cesse de mœurs et de vertu ; les nôtres ne parlent que de commerce et d'argent » : ce qui ne produit aucun profit en vient alors à être considéré comme un luxe superflu, comme un obstacle dangereux. « Tout ce qui n'est pas utile est dédaigné », observe Diderot, parce que « l'emploi du temps est trop précieux pour le perdre à des spéculations oisives ».

Relisons également les splendides vers dans lesquels Baudelaire décrit le mal-être du poète-albatros, géant maître des cieux qui, une fois redescendu parmi les hommes, est tourné en dérision par un public qui poursuit de tout autres intérêts : « Ce voyageur ailé, comme il est gauche et veule ! / Lui, naguère si beau, qu'il est comique et laid ! / L'un agace son bec avec un brûle-gueule, / L'autre mime, en boitant, l'infirme qui volait ! » Et c'est avec la même ironie désolée que, dans son *Dictionnaire des idées reçues*, Flaubert présente la poésie comme « tout à fait inutile » parce que « passée de mode » et le poète comme « synonyme noble de nigaud : rêveur ». C'est comme s'il n'avait servi à rien qu'Hölderlin décrive le rôle fondamental du poète dans le sublime dernier vers de l'un de ses poèmes lyriques : « Mais les poètes seuls fondent ce qui demeure » (« *Was bleibet aber, stiften die Dichter* »).

Les pages qui suivent ne prétendent nullement former un tout organique. Elles révèlent le caractère fragmentaire des réflexions qui les ont inspirées. Aussi le sous-titre du livre — « Manifeste » — pourrait-il sembler disproportionné et trop ambitieux s'il n'était justifié par l'esprit militant qui a constamment animé tout mon travail. J'ai seulement souhaité recueillir, dans un cadre suffisamment ouvert, des citations et des idées rassemblées durant de longues années d'enseignement et de recherche. Et je l'ai fait avec une totale liberté, affranchi de toute astreinte et reconnaissant avoir juste ébauché un tableau incomplet et partiel. Comme cela arrive souvent dans les florilèges et les anthologies, les absences apparaîtront probablement plus significatives que les présences. Conscient de ces limites, j'ai construit mon pamphlet en trois parties : la première est consacrée au thème de l'utile inutilité de la littérature ; la deuxième, aux conséquences désastreuses de la logique du profit dans le domaine de l'enseignement, de la recherche et des activités culturelles en général ; dans la troisième, pour illustrer mon propos par quelques brillants exemples, j'ai relu certains auteurs classiques qui, au cours des siècles, ont su montrer la valeur illusoire de la possession et ses effets destructeurs sur la *dignitas hominis*, sur l'amour et sur la vérité.

J'ai jugé bon de faire suivre mes brèves réflexions par un essai brillant (et pourtant peu connu) qu'Abraham Flexner a rédigé en 1937, puis enrichi en 1939, et qui est ici traduit en français pour la première fois. Comptant parmi les chercheurs les plus influents de l'Institute for Advanced Study de Princeton — lequel fut précisément créé pour permettre une quête affranchie de toute obligation utilitariste et inspirée uniquement par la *curiositas* de ses illustres membres (Einstein, Oppenheimer…) —, ce célèbre scientifique-pédagogue américain nous propose un récit fascinant de quelques grandes découvertes pour montrer comment les recherches scientifiques théoriques d'abord jugées les plus inutiles, parce que dépourvues de toute visée pratique, ont finalement débouché contre toute attente sur des applications qui, du domaine des télécommunications à celui de l'électricité, se sont révélées fondamentales pour l'humanité.

La position de Flexner m'a très efficacement servi à lever tout malentendu dans mon propos : je n'ai évidemment pas cherché à opposer savoirs humanistes et savoirs scientifiques — comme on l'a souvent fait à partir des années cinquante, après le fameux essai de Charles Percy Snow —, car cela aurait signifié un dérapage du débat vers les sables mouvants d'une polémique stérile. Et c'eût été surtout ne rien comprendre à la nécessité absolue de cette unité des savoirs — cette « nouvelle alliance » décrite dans les pages si lumineuses du prix Nobel Ilya Prigogine — qui est aujourd'hui menacée toujours davantage par la parcellisation et l'hyperspécialisation des connaissances. Flexner nous montre de manière remarquable que la science a beaucoup à nous apprendre sur l'utilité de l'inutile et que, aux côtés des humanistes, les scientifiques ont joué et continuent de jouer un rôle essentiel dans la bataille qu'il faut mener contre la dictature du profit, pour défendre la liberté et la gratuité de la connaissance et de la recherche.

Les auteurs antiques étaient d'ailleurs parfaitement conscients de la différence entre une science purement spéculative et désintéressée et une science simplement appliquée, comme l'attestent les réflexions d'Aristote et quelques anecdotes concernant des savants aussi importants qu'Euclide ou Archimède.

Mais nous voilà confrontés à des questions fascinantes qui pourraient nous mener très loin. Or, pour le moment, il me faut souligner l'importance vitale de ces valeurs qu'il n'est pas possible de *peser* et de *mesurer* à l'aide des instruments traditionnels réglés pour n'évaluer que la *quantitas*, et non la *qualitas* : il me faut affirmer le caractère fondamental de ces investissements dont les retours ne sont ni immédiats ni, surtout, monnayables.

Le savoir constitue en effet en lui-même un obstacle au fantasme de toute-puissance qui sous-tend l'utilitarisme et l'accumulation de l'argent. Certes presque tout peut s'acheter et, des parlementaires aux juges, du pouvoir au succès, chaque chose a son prix. Mais pas la connaissance : le prix à payer pour elle est d'une tout autre nature. Même un chèque en blanc ne saurait permettre d'acquérir mécaniquement ce qui ne peut qu'être le fruit d'un effort personnel et d'une passion durable. Autrement dit, personne ne pourra effectuer à notre place le difficile parcours de l'apprentissage. Et, s'il n'est pas le résultat d'une puissante motivation intime, le plus prestigieux des diplômes qu'il soit possible d'obtenir avec de l'argent n'apportera aucune connaissance véritable et n'entraînera aucune authentique métamorphose de l'esprit.

Socrate l'avait déjà expliqué à Agathon dans *Le Banquet*, quand il contestait l'idée que la connaissance puisse être mécaniquement transmise d'un être humain à un autre comme de l'eau passant d'un récipient plein à un récipient vide le long d'un fil de laine :

> Ce serait une aubaine, Agathon, si le savoir était de nature à couler du plus plein vers le plus vide, pour peu que nous nous touchions les uns les autres, comme c'est le cas de l'eau qui, par l'intermédiaire d'un brin de laine, coule de la coupe la plus pleine vers la plus vide.

Mais il y a plus. Le savoir peut défier les lois du marché d'une autre manière encore. Je puis en effet partager mes connaissances avec autrui sans pour autant m'appauvrir. Je puis enseigner à un élève la théorie de la relativité ou lire avec lui une page de Montaigne en entrant alors dans un miraculeux cercle vertueux où s'enrichissent en même temps celui qui donne et celui qui reçoit.

Bien sûr, dans notre monde dominé par l'*homo œconomicus*, il n'est pas facile de saisir l'utilité de l'inutile et, surtout, l'inutilité de l'utile (combien de biens de consommation non nécessaires nous sont-ils vendus comme utiles et indispensables ?). Il est pénible de voir des êtres humains, ignorants de la désertification croissante du monde de l'esprit, se consacrer uniquement à l'accumulation de l'argent et du pouvoir. Il est pénible de voir triompher, à la télévision et dans les autres médias, une nouvelle image de la réussite, incarnée par l'entrepreneur qui parvient à construire un empire fondé sur l'escroquerie ou par le politicien impuni qui humilie tout un Parlement en faisant voter des lois *ad personam*. Il est pénible de voir des hommes et des femmes embarqués dans une course folle vers la Terre promise du profit, à cause de laquelle tout ce qui les entoure — la nature, les objets, les autres êtres humains — ne suscite plus chez eux aucun intérêt. Les yeux fixés sur l'objectif à atteindre, ils ne sont plus en mesure de savourer la joie des petits gestes quotidiens et de découvrir la beauté qui palpite dans nos vies : dans un coucher de soleil, dans un ciel étoilé, dans la tendresse d'un baiser, dans l'éclosion d'une fleur, dans le vol d'un papillon, dans le sourire d'un enfant — car c'est bien souvent dans les choses les plus simples que l'on saisit le mieux ce qui est grand.

Comme Ionesco l'a très justement observé, « si on ne comprend pas l'utilité de l'inutile, l'inutilité de l'utile, on ne comprend pas l'art ». Bien des années avant lui, une description de la cérémonie du thé avait d'ailleurs permis à Okakura Kakuzô de situer, dans le simple geste d'un homme cueillant une fleur pour l'offrir à sa compagne, le moment précis où l'être humain s'est élevé au-dessus des animaux : « En percevant l'usage subtil de l'inutile, il est entré dans le royaume de l'art. » D'un seul coup, un double luxe : la fleur (l'objet) et l'acte de la cueillir (le geste) représentent tous les deux l'inutile, qui remet en question le nécessaire et le profit.

Les véritables poètes savent bien que c'est seulement loin des calculs et de la vitesse qu'il est possible de cultiver la poésie : ainsi, selon Rilke, « être artiste veut dire ne pas calculer, ne pas compter, mûrir tel un arbre qui ne presse pas sa sève, et qui, confiant, se dresse dans les tempêtes printanières sans craindre que l'été puisse ne pas venir ». Les vers ne se plient pas à une logique de la précipitation et de l'utilité. Bien au contraire, comme le suggère Cyrano de Bergerac dans ses dernières répliques de la pièce d'Edmond Rostand, l'inutilité est parfois nécessaire pour que chaque chose devienne plus belle : « Que dites-vous ?... C'est *inutile* ?... Je sais ! / Mais on ne se bat pas dans l'espoir du succès ! / Non ! non, c'est bien plus beau lorsque c'est *inutile* ! »

Nous avons en effet besoin de l'inutile comme nous avons besoin de satisfaire les fonctions vitales du corps. Ionesco, encore : « La poésie, le besoin d'imaginer, de créer, est aussi fondamental que celui de respirer. Respirer, c'est vivre, et non pas s'évader de la vie. » Comme le montre Pietro Barcellona, cette respiration exprime « le fait que la vie s'excède elle-même », elle est « une énergie qui circule sous une forme invisible et va au-delà de la vie, bien qu'elle lui soit immanente ». Et c'est dans les plis et les replis de ces activités considérées comme superflues que nous pourrons trouver la force de penser un monde meilleur, de cultiver le projet utopique d'atténuer — sinon de supprimer — les nombreuses injustices et les douloureuses inégalités qui pèsent (ou devraient peser) comme du plomb sur nos consciences. Dans les moments de crise économique surtout, quand l'utilitarisme et l'égoïsme le plus sinistre semblent être l'unique boussole ou l'unique ancre de salut, il faut comprendre que ces activités qui ne servent à rien peuvent justement nous aider à nous évader de la prison, à éviter l'asphyxie, à transformer une vie plate ou une non-vie en une vie fluide et dynamique, mue par la *curiositas* pour les choses de l'esprit et pour l'humaine condition.

Si Pierre Lecomte du Noüy, biophysicien et philosophe, nous a invités à réfléchir au fait que « dans l'échelle des êtres, seul l'homme accomplit des gestes inutiles », deux psychanalystes, Miguel Benasayag et Gérard Schmit, nous suggèrent que « l'utilité de l'inutile, c'est l'utilité de la vie, de la création, de l'amour, du désir », parce que « l'inutile produit ce qui nous est le plus utile ; c'est ce qu'on crée sans raccourcis, sans gagner du temps, au-delà du mirage créé par la société ». Voilà pourquoi Mario Vargas Llosa a justement souligné en 2010 — à l'occasion de la remise du prix Nobel — qu'« un monde sans littérature serait un monde sans désirs, sans idéal, sans insolence, un monde d'automates privés de ce qui fait qu'un être humain le soit vraiment : la capacité de sortir de soi-même pour devenir un autre et des autres, modelés dans l'argile de nos rêves ».

Et qui sait si, à travers les paroles de Mrs Erlynne (« Dans la vie moderne, tout est une question de marge »), probablement inspirées d'un célèbre vers de Voltaire (« le superflu, chose très nécessaire »), Oscar Wilde n'a pas voulu précisément faire allusion à la « superfluité » et à l'inutilité de son propre métier d'écrivain : à ce quelque chose « en plus » qui, loin de signifier de manière négative un « surplus » ou une « surabondance », exprime au contraire ce qui excède le nécessaire, ce qui n'est pas indispensable, ce qui va au-delà de l'essentiel ; et donc ce qui correspond à l'idée vitale d'un flux constamment renouvelé, ainsi qu'à la notion même d'inutilité — comme il l'avait déjà suggéré quelques années auparavant dans sa préface au

*Portrait de Dorian Gray* : « Tout art est parfaitement inutile. »

À bien y réfléchir, en effet, une œuvre d'art ne demande pas à venir au monde. Ou plutôt, si l'on reprend une fois encore une réflexion remarquable d'Ionesco, l'œuvre d'art « demande à naître » tout comme « l'enfant demande à naître » : « L'enfant ne naît pas pour la société, même si la société s'empare de lui. Il naît pour naître. Et l'œuvre d'art elle aussi naît pour naître, s'impose à son auteur, demande à exister sans se demander si elle est réclamée ou non par la société. » Cela n'empêche pas que la société reste capable de « s'approprier l'œuvre d'art » ; mais, même si « elle peut l'utiliser comme elle le veut » — « elle peut la condamner » et « elle peut la détruire » —, il n'en reste pas moins que « l'œuvre d'art peut remplir une fonction sociale, mais elle n'est pas cette fonction sociale » (p. 126). D'où la conclusion d'Ionesco : « S'il faut absolument que l'art serve à quelque chose, je dirai qu'il devrait servir à rapprendre aux gens qu'il y a des activités qui ne servent à rien et qu'il est indispensable qu'il y en ait » (p. 128).

Sans une telle prise de conscience, il serait bien difficile de comprendre un véritable paradoxe de l'histoire : c'est précisément lorsque la barbarie a le vent en poupe que le fanatisme s'acharne non pas seulement contre les êtres humains, mais aussi contre les bibliothèques et les œuvres d'art, contre les monuments et les chefs-d'œuvre. La furie destructrice s'abat alors sur ces choses considérées comme inutiles : la bibliothèque royale mise à sac par les Xiongnu après la prise de Luoyang en Chine, les livres païens livrés au feu à Alexandrie sur décision de l'intolérant évêque Théophile, les livres hérétiques consumés dans les flammes de l'Inquisition, les ouvrages décadents détruits lors des autodafés mis en scène par les nazis à Berlin, les magnifiques bouddhas de Bâmiyân complètement rasés par les Talibans en Afghanistan, ou encore les manuscrits du Sahel et les statues d'Alfarouk à Tombouctou menacées par les jihadistes. Autant d'œuvres inutiles et désarmées, silencieuses et inoffensives, mais dont la simple existence est perçue comme une menace.

Dans les décombres d'une Europe détruite par l'aveugle violence de la guerre, Benedetto Croce avait relevé les signes de l'irruption des nouveaux barbares capables de pulvériser en un instant la longue histoire d'une grande civilisation :

> […] quand les esprits barbares [reprennent des forces], non seulement ils écrasent et oppriment les hommes qui la [= la civilisation] représentent, mais ils s'emploient à démolir leurs

> œuvres, qui étaient pour eux les instruments d'autres œuvres, et ils détruisent des monuments de beauté, des systèmes de pensée, tous les témoignages du noble passé, en fermant des écoles, en dispersant ou en brûlant les collections des musées, des bibliothèques et des archives [...]. Pour avoir des exemples de tout cela, nul besoin d'aller en chercher dans l'histoire ancienne, car celle d'aujourd'hui en offre une si grande quantité que notre sentiment d'horreur finit même par en être émoussé.

Mais, comme nous le rappelle Jorge Luis Borges, même ceux qui construisent des remparts peuvent facilement ordonner que les livres soient réduits en cendres sur un bûcher, car, dans les deux opérations, il est finalement question de « brûler le passé » :

> J'ai lu, ces derniers jours, que l'homme qui ordonna la construction, aux confins de la Chine, d'une muraille presque infinie fut ce même empereur, Chi Hoang-Ti, qui fit également brûler tous les livres antérieurs à lui. Que les deux vastes opérations — les cinq à six cents lieues de pierre opposées aux barbares, l'abolition rigoureuse de l'histoire, c'est-à-dire du passé — fussent dues à la même personne, qu'elles fussent en quelque sorte ses attributs,

> j'en éprouvai à la fois, inexplicablement, de la satisfaction et de l'inquiétude.

Le sublime disparaît quand l'humanité touche le fond en étant précipitée au bas de la roue de la Fortune. L'homme devient toujours plus pauvre justement quand il croit s'enrichir, si l'on en croit l'avertissement de Cicéron dans *Les Paradoxes des Stoïciens* : « Si chaque jour tu fraudes, tu trompes, tu demandes un prix excessif, tu fais de faux contrats, tu voles, tu extorques ; si tu dépouilles nos alliés, si tu pilles le trésor public, si tu attends les testaments de tes amis, ou si, sans même les attendre, tu en supposes, est-ce là le signe de celui qui est dans l'abondance ou dans le besoin ? »

Ce n'est pas un hasard si, dans les dernières pages de son traité *Du sublime*, l'un des plus importants ouvrages de critique littéraire antiques qui nous soient parvenus, le Pseudo-Longin identifie très clairement les facteurs qui ont provoqué la décadence de l'éloquence et du savoir à Rome et ont rendu impossible l'émergence de grands écrivains après la fin du régime républicain : « Oui, l'amour de la richesse face à laquelle nous sommes tous désormais malades de ne pas pouvoir nous en rassasier, et l'amour du plaisir nous rendent esclaves [...]. L'amour de l'argent est une maladie amoindrissante [...] » (XLIV, 6, p. 126).

Uniquement préoccupés par ces fausses idoles, les hommes égoïstes « ne regardent plus vers le haut » et finissent par laisser périr la « grandeur des âmes » (XLIV, 8, p. 127). Dans cette dégradation morale, « quand de la vie tout entière de chacun de nous la corruption est désormais l'arbitre » (XLIV, 8, p. 127), il n'y a de place pour aucune forme de sublime. Sans compter que, comme nous le rappelle finalement le Pseudo-Longin, le sublime a également besoin de la liberté pour exister : « la liberté est apte à nourrir les pensées des grands esprits et à les remplir d'espoir » (XLIV, 2, p. 124).

C'est également à l'amour de l'argent que Giordano Bruno impute la destruction de la connaissance et des valeurs essentielles qui fondent la vie civile : « La sagesse et la justice — écrit-il dans le *De immenso* — ont commencé à abandonner la terre, dès que les écoles philosophiques ont commencé à vouloir faire des gains à partir de leurs thèses. [...] Et sous des auspices de ce genre, d'une part la religion et la philosophie gisent détruites, d'autre part les États, les royaumes et les empires sont, en même temps que les sages, les princes et les peuples, bouleversés, ruinés, éliminés. »

Keynes lui-même, le père de la macroéconomie, a révélé lors d'une conférence en 1928 que les

« divinités » qui président à la vie économique ne peuvent qu'être des génies du mal : d'un mal « nécessaire » qui, pour « au moins un siècle de plus », devait nous contraindre à « faire croire à tout un chacun et à nous-mêmes que la loyauté est infâme et que l'infamie est loyauté, car l'infamie est utile et la loyauté ne l'est point ». Autrement dit, l'humanité était censée continuer (jusqu'en 2028 !) de considérer « Avarice, Usure et Prudence » comme des vices indispensables pour « nous faire sortir du tunnel de la nécessité économique pour nous mener à la lumière du jour ». Et c'est seulement alors, une fois atteint le bien-être généralisé, que nos petits-enfants — ceux du titre si éloquent de l'essai : *Perspectives économiques pour nos petits-enfants* — auraient pu finalement comprendre que le bien est toujours meilleur que l'utile :

> Je nous vois donc libres de revenir à certains des principes les plus assurés et les moins ambigus de la religion et de la vertu traditionnelle : que l'avarice est un vice, que c'est un méfait que d'extorquer des bénéfices usuraires, que l'amour de l'argent est exécrable, et qu'ils marchent plus sûrement dans les sentiers de la vertu et de la sagesse, ceux qui se soucient le moins du lendemain. Une fois de plus nous

> en reviendrons à estimer les fins plus que les moyens, et à préférer le bon à l'utile. Nous honorerons ceux qui sauront nous apprendre à cueillir le moment présent de manière vertueuse et bonne, les gens exquis qui savent jouir des choses dans l'immédiat, les lys des champs qui ne tissent ni ne filent.

Même si la prophétie de Keynes ne s'est pas vérifiée — puisque l'économie dominante persiste encore aujourd'hui à ne viser que la production et la consommation en méprisant tout ce qui n'est pas fonctionnel selon la logique utilitariste du marché, et en continuant dès lors de sacrifier les « arts de la joie » aux profits financiers —, sa sincère conviction garde pour nous tout son prix : l'essence authentique de la vie réside dans le bien (c'est-à-dire dans ce que les démocraties marchandes ont toujours considéré comme inutile), et non pas dans l'utile.

Quelque dix ans plus tard, dans une perspective il est vrai très différente, Georges Bataille s'est lui aussi interrogé, dans *La Limite de l'utile*, sur la nécessité de penser une économie attentive à la dimension antiutilitaire. À la différence de Keynes, le philosophe français ne s'est pas fait d'illusions sur les buts prétendument *nobles* des processus utilitaires, car « le capitalisme est clairement distinct du souci d'améliorer la condition humaine ». C'est seulement en apparence qu'il a « l'amélioration du niveau de vie comme objet », et « cette perspective est trompeuse ». En réalité, « la production industrielle moderne relève le niveau moyen sans atténuer l'inégalité des classes et, somme toute, n'obvie qu'au hasard au malaise social » (p. 218). Bataille peut dès lors affirmer, dans une lettre à Jérôme Lindon, que seul le surplus — quand il n'est pas utilisé en « fonction de la productivité » — peut être associé « aux plus belles réussites de l'art, à la poésie, au plein épanouissement de la vie humaine ». Sans cette énergie *superflue* qui n'a aucun rapport avec l'accumulation et l'accroissement des richesses, il serait impossible de libérer la vie « des considérations serviles qui dominent un monde consacré à la croissance de la production ».

Et pourtant George Steiner lui-même, si ardent défenseur des classiques et des valeurs humanistes qui « privilégient la vie de l'esprit », fait ce terrible constat : « une haute culture et une morale éclairée ne prémunissent en rien contre la barbarie totalitaire ». Combien de penseurs et d'artistes en effet avons-nous vus rester indifférents face aux horreurs ou, pire encore, devenir moralement *complices* des dictateurs et des régimes qui les perpétraient ! Ce grave problème soulevé par Steiner me remet en mémoire le superbe dialogue entre Marco Polo et Kubilai Khan qui clôt *Les Villes invisibles* de Calvino : sensible aux préoccupations du souverain, l'infatigable voyageur nous trace un tableau dramatique de l'enfer qui nous entoure :

> L'enfer des vivants n'est pas chose à venir ; s'il y en a un, c'est celui qui est déjà là, l'enfer que nous habitons tous les jours, que nous formons d'être ensemble. Il y a deux façons de ne pas souffrir. La première réussit aisément à la plupart : accepter l'enfer, en devenir une part au point de ne plus le voir. La seconde est risquée et elle demande une attention, un apprentissage, continuels : chercher et savoir reconnaître qui et quoi, au milieu de l'enfer, n'est pas l'enfer ; et le faire durer, et lui faire place.

Mais qu'est-ce qui pourra nous aider à comprendre ce qui, « au milieu de l'enfer », « n'est pas l'enfer » ? Difficile de répondre catégoriquement à cette question. Dans son essai intitulé *Pourquoi lire les classiques*, Calvino lui-même, tout en reconnaissant que « les classiques nous aident à comprendre qui nous sommes et où nous en sommes arrivés », nous met en garde contre l'idée que « les classiques doivent être lus parce qu'ils servent ». Mais cela ne l'empêche pas de soutenir que « lire les classiques vaut mieux que de ne pas les lire ».

Comme Rob Riemen l'observe très justement : « La culture, pas plus que l'amour, n'a la capacité de contraindre. Elle n'offre nulle garantie. Et pourtant, la seule chance d'atteindre et de protéger notre dignité humaine nous est offerte par la culture, par une éducation libérale. » Voilà pourquoi je crois que, de toute façon, il *vaut mieux* continuer de se battre en restant persuadés que les classiques, l'enseignement et l'art de cultiver le superflu qui ne produit aucun profit peuvent quand même nous aider à « résister », à conserver une lueur d'espoir, à entrevoir un rayon de lumière qui nous permette de rester sur la voie de la dignité.

Car, parmi tant d'incertitudes, une chose semble sûre : si nous laissions périr ce qui est inutile et gratuit, si nous renoncions à la fécondité de l'inutile, si nous écoutions uniquement ce véritable chant des sirènes qu'est l'appât du gain, nous n'aboutirions qu'à former une communauté malade et privée de mémoire qui, toute désemparée, finirait par perdre le sens de la vie et le sens de sa propre réalité. Et, une fois desséchés par la désertification de l'esprit, nous aurions alors bien du mal à imaginer que l'ignorant *homo sapiens* puisse conserver le rôle qu'il est censé jouer : rendre l'humanité plus humaine…

# NOTE

Cet essai rassemble une série de réflexions éparses qui trouvent leur origine dans quelques-unes des diverses allocutions que j'ai pu prononcer au cours des dernières années, et notamment dans la conférence que j'ai donnée en avril 2012 à l'Universidade Federal do Rio Grande do Sul, à Porto Alegre, à l'occasion de la remise d'un doctorat *honoris causa*. Je voudrais remercier mon ami Irving Lavin, de l'Institute for Advanced Study de Princeton, pour m'avoir signalé l'essai d'Abraham Flexner. En juin 2011, au cours d'une table ronde qui s'est tenue à l'Istituto Italiano per gli Studi Filosofici de Naples, Lavin a été frappé par le titre de mon intervention — « L'utile inutilità delle discipline umanistiche » — et il m'a offert ces pages de Flexner que je ne connaissais pas encore. Mon travail doit beaucoup à mes inoubliables conversations passionnées et *inutiles* avec George Steiner et Alain Segonds. Sans mes étudiants de l'université de Calabre et des diverses universités étrangères où j'ai enseigné au cours des dernières années, il m'eût été beaucoup plus difficile de comprendre bien des aspects de l'utilité de l'inutile. Gerardo Marotta, président de l'Istituto Italiano per gli Studi Filosofici, a consacré toute sa vie et toutes ses ressources matérielles à défendre les classiques et la culture. Ma gratitude va enfin à Marie et à George (présence invisible), pour leur défense des classiques et leur affectueux soutien.

Cette nouvelle version, qui enrichit la précédente de nouveaux paragraphes et de nouvelles citations, a été rédigée à Berlin (en mars-juin 2013), où j'ai séjourné en tant que *Visiting Scholar* au Max-Planck-Institut für Wissenschaftsgeschichte : à son directeur, Jürgen Renn, et à ses collègues, avec qui j'ai discuté des thèmes développés dans cet ouvrage, j'exprime mon immense gratitude. Merci également de tout cœur à Luc Hersant, le traducteur fidèle — et, surtout, patient — de mes essais.

NUCCIO ORDINE

# L'UTILITÉ DE L'INUTILE

*Traduction de Luc Hersant*

# PREMIÈRE PARTIE

# L'UTILE INUTILITÉ DE LA LITTÉRATURE

*Gavroche était en effet chez lui.*
*Ô utilité inattendue de l'inutile !*

Victor Hugo, *Les Misérables*

## 1. « Celui qui n'a pas n'est pas »

Dans un récit autobiographique, Vincenzo Padula — un prêtre révolutionnaire qui a vécu dans un village de Calabre entre 1819 et 1893 — évoque la première leçon de vie qu'il ait reçue de sa famille, alors qu'il était encore jeune étudiant. N'ayant pas donné de réponse satisfaisante à une question insidieuse de son père (« comment se fait-il que, dans tous les alphabets, le *A* vienne en premier et le *E* en second ? »), le séminariste écoute avec une vive curiosité l'explication que lui propose alors son interlocuteur : « Dans notre malheureux monde, celui qui *a* est, et celui qui n'*a* pas n'*e*st pas », ce pour quoi la lettre *A* précède toujours la lettre *E*. En outre, « dans la société civile », ceux qui n'ont pas constituent la masse des *consonnes*, « parce qu'ils sont en *consonance* avec la *voix* du riche et se conforment à ses actes, et qu'il est, lui, la *voyelle*, sans laquelle je doute pouvoir produire un son à partir d'une consonne ».

Près de deux siècles plus tard, cette description que fait Padula d'une société dichotomique nettement divisée en patrons et en serviteurs, en riches exploiteurs et en pauvres réduits à l'état de bêtes ne correspond plus ou presque plus au monde dans lequel nous vivons. On continue pourtant de constater, sous des formes très diverses et plus sophistiquées, une supériorité de l'*avoir* sur l'*être*, une dictature du profit et de la possession qui domine tous les champs du savoir et chacun de nos comportements quotidiens. L'*apparaître* compte davantage que l'*être* : ce qui est exhibé — que ce soit une luxueuse voiture ou une montre de marque, un emploi prestigieux ou un poste de pouvoir — se voit attribuer bien plus de valeur que la culture ou le degré d'instruction.

## 2. Les savoirs sans profit sont inutiles !

Ce n'est donc pas un hasard si, au cours des dernières décennies, les disciplines humanistes ont été de plus en plus considérées comme inutiles et de plus en plus marginalisées non seulement dans les programmes scolaires, mais aussi et surtout dans les budgets des États et les comptes des organismes privés et des fondations. Pourquoi dépenser de l'argent dans des domaines condamnés à ne produire aucun profit ? Pourquoi consacrer des fonds à des savoirs qui ne débouchent pas sur une utilité économique immédiate et tangible ?

Mais, dans un tel contexte où tout semble devoir n'être pesé et mesuré que selon des critères qui privilégient la *quantitas*, la littérature peut au contraire revêtir une fonction absolument essentielle (et, comme nous le verrons bientôt, on pourrait en dire tout autant des autres savoirs humanistes et de certains savoirs scientifiques qui sont dépourvus de toute visée utilitaire immédiate) : c'est précisément le fait qu'elle est affranchie de toute aspiration au profit qui peut se révéler, en soi, une forme de résistance aux égoïsmes de notre temps, comme un antidote à cette barbarie de l'utilité qui a fini par corrompre jusqu'à nos relations sociales et nos sentiments les plus intimes. Son existence même implique en effet que soient mis en avant la « gratuité » et le « désintéressement » — ces deux valeurs aujourd'hui jugées intempestives et démodées.

## 3. Qu'est-ce que l'eau ? Une anecdote de Foster Wallace

Voilà pourquoi, au début de chaque année académique, j'aime lire à mes étudiants un passage du discours prononcé par David Foster Wallace le 21 mai 2005 devant les lauréats de Kenyon College, aux États-Unis. L'écrivain américain — tragiquement disparu en 2008 à 46 ans — s'adresse à ses étudiants en leur racontant une petite histoire où sont remarquablement illustrés le rôle et la fonction de la littérature :

> C'est l'histoire de deux jeunes poissons qui nagent et croisent le chemin d'un poisson plus âgé qui leur fait signe de la tête et leur dit : « Salut, les garçons. L'eau est bonne ? » Les deux jeunes poissons nagent encore un moment, puis l'un regarde l'autre et fait : « Tu sais ce que c'est, toi, l'eau ? »

L'auteur lui-même nous donne la clé de lecture de son récit : « La morale immédiate de cette histoire, c'est tout simplement que les réalités les plus évidentes, les plus omniprésentes et les plus importantes, sont souvent les plus difficiles à voir et à exprimer. » À l'instar des deux jeunes poissons, nous-mêmes ne nous rendons pas compte de ce qu'est véritablement l'*eau* dans laquelle nous vivons chaque minute de notre existence. Nous n'avons pas conscience, en effet, que la littérature et les savoirs humanistes, la culture et l'instruction constituent le liquide amniotique idéal dans lequel seulement les idées de démocratie, de liberté, de justice, de laïcité, d'égalité, de droit à la critique, de tolérance, de solidarité et de bien commun peuvent se développer avec vigueur.

## 4. Les petits poissons d'or du colonel Buendía

Qu'on me permette de m'arrêter un instant sur un roman qui a fait rêver des générations de lecteurs : *Cent ans de solitude*, de Gabriel García Márquez. Peut-être en effet est-ce dans la lucide folie du personnage d'Aureliano Buendía qu'on saisit le mieux la féconde inutilité de la littérature. Enfermé dans son laboratoire secret, le colonel révolutionnaire fabrique des petits poissons d'or en échange de pièces d'or qu'il fait ensuite fondre pour produire à nouveau d'autres petits poissons. Ce cercle vicieux ne peut échapper aux critiques d'Úrsula, c'est-à-dire à l'œil affectueux d'une mère préoccupée par l'avenir de son fils :

> Avec son impitoyable sens pratique, elle ne pouvait comprendre le commerce du colonel, lequel échangeait ses petits poissons contre des pièces d'or, puis transformait les pièces d'or en petits poissons, et ainsi de suite, si bien qu'il devait travailler davantage chaque fois qu'il vendait plus,

> afin de satisfaire à ce cercle vicieux particulièrement exaspérant. En vérité, ce n'était pas le commerce qui l'intéressait, mais le travail (p. 128).

Le colonel avoue d'ailleurs lui-même que « ses seuls instants de bonheur, depuis ce lointain après-midi où son père l'avait emmené faire connaissance avec la glace, il les avait connus dans l'atelier d'orfèvrerie où il passait son temps à dorer des petits poissons » :

> Il lui avait fallu déclencher trente-deux guerres, il lui avait fallu violer tous ses pactes avec la mort, et se vautrer comme un porc dans le fumier de la gloire, pour découvrir avec près de quarante ans de retard tous les privilèges de la simplicité (p. 198).

Or c'est probablement sur une telle « simplicité », uniquement motivée par une joie authentique et éloignée de toute aspiration au profit, que repose la créativité qui donne naissance à ce que nous appelons la littérature : cet acte gratuit, dénué de toute fonction précise, échappant à toute logique commerciale et donc inutile parce que non monnayable, et pourtant absolument nécessaire pour exprimer, du simple fait de son existence, des valeurs qui puissent concurrencer la suprématie des lois du marché et de la rentabilité.

## 5. Dante et Pétrarque : la littérature ne doit pas être soumise au principe de rentabilité

On retrouve d'ailleurs cette idée déjà clairement formulée par certains pères fondateurs de la littérature occidentale. Pour ne prendre qu'un exemple, Dante condamne dans son *Banquet* ces prétendus lettrés qui « n'acquièrent pas les lettres pour l'usage de celles-ci, mais parce que grâce à elles ils gagnent argent et dignité » :

> Et je dis à leur honte qu'ils ne doivent pas être appelés lettrés, parce qu'ils n'acquièrent pas les lettres pour l'usage de celles-ci, mais parce que grâce à elles ils gagnent argent et dignité ; de même on ne peut appeler joueur de cithare celui qui a chez lui une cithare pour la prêter contre un salaire, et non pour en jouer.

Autrement dit, les « lettres » n'ont que faire de visées utilitaires qui n'auraient pour objet que la vile accumulation de l'argent. C'est d'ailleurs à l'amour désintéressé pour la sagesse que Pétrarque lui-même consacre une série de réflexions en prose et en vers pour dénoncer le mépris d'une « tourbe » égarée qui ne vit que pour entasser les richesses (« Pauvre et nue tu t'en vas, philosophie, / dit la tourbe au vil gain entendue »). Dans ce célèbre sonnet du *Chansonnier*, le poète encourage un ami illustre à ne pas abandonner l'« action magnanime » de composer des œuvres, même si ses rudes efforts ne lui apporteront, dans le meilleur des cas, que la noble gloire du myrte et du laurier :

La table, le sommeil, les plumages oiseux
ont du monde banni toute vertu,
si bien que de sa voie est presque détournée
notre nature par coutume vaincue.

Et si bien est éteinte toute clarté bénigne
venue du ciel, par quoi prend forme humaine vie,
qu'on montre du doigt comme miraculeux
qui veut de l'Hélicon faire naître rivière.

Quel désir de laurier ? Et quel désir de myrte ?
Pauvre et nue tu t'en vas, philosophie,
dit la tourbe au vil gain entendue.

Sur l'autre voie, tu auras peu de compagnons,
d'autant plus te supplie, ô noble esprit,
de ne point laisser là ton action magnanime[1].

---

1. « *La gola e 'l somno et l'otïose piume / ànno del mondo ogni vertù sbandita, / ond'è dal corso suo quasi smarrita / nostra natura vinta dal costume : // et è sì spento ogni benigno lume / del ciel, per cui s'informa humana vita, / che per cosa mirabile s'addita /chi*

## 6. La littérature de l'utopie et les vases de nuit en or

On retrouve le même mépris pour la monnaie, l'or et l'argent, et pour toute activité motivée par le profit commercial dans la littérature de l'utopie à la Renaissance. Dans ces célèbres îles situées dans des lieux mystérieux bien éloignés de la civilisation occidentale, toute forme de propriété individuelle est condamnée au nom de l'intérêt collectif, et un modèle fondé sur l'amour du bien commun s'y oppose à la rapacité des individus. Si l'on laisse de côté certaines différences indéniables entre ces textes et les réelles limites de certains aspects de l'organisation sociale qu'ils proposent, on peut relever chez tous et sans équivoque de sévères critiques contre une réalité contemporaine où règne le mépris pour la justice sociale et pour la connaissance. Autrement dit, la littérature de l'utopie permet à ces auteurs de montrer les vices

---

*vòl far d'Elicona nascer fiume. // Qual vaghezza di lauro, qual di mirto ? / Povera et nuda vai, Philosophia, / dice la turba al vil guadagno intesa. / Pochi compagni avrai per l'altra via ; / tanto ti prego più, gentile spirto : / non lassar la magnanima tua impresa* » (Francesco Petrarca, *Canzoniere*, edizione commentata a cura di Marco Santagata, Milano, Mondadori, 1996, p. 35).

et les contradictions d'une société européenne qui a perdu les valeurs essentielles de la vie et de la solidarité humaine.

Dans *L'Utopie* (1516) de Thomas More, texte fondateur du genre, les habitants de l'île détestent l'or à tel point qu'ils le destinent à la fabrication de pots de chambre :

> Alors qu'ils mangent et boivent dans de la vaisselle de terre cuite ou de verre, de forme élégante, mais sans valeur, ils font d'or et d'argent, pour les maisons privées comme pour les salles communes, des vases de nuit et des récipients destinés aux usages les plus malpropres. […] Tous les moyens leur servent ainsi à dégrader l'or et l'argent (p. 166).

Pour les Utopiens, en effet, « là où existent les propriétés privées », on « mesure toutes choses par rapport à l'argent », empêchant ainsi « d'établir […] un régime qui soit à la fois juste et prospère », pour le bien de l'État :

> À moins que vous n'estimiez juste que les meilleures des choses reviennent aux pires des gens, ou que vous ne jugiez heureux que tous les biens se partagent entre les gens les moins nombreux (p. 128-129).

De la même manière dans *La Cité du Soleil* (1623) de Tommaso Campanella les Solariens considèrent-ils la propriété et le désir de posséder comme les principales causes de cette corruption qui pousse l'homme à « piller le bien commun » :

> Selon eux [les Solariens], toute propriété a pour origine et pour support le fait que chacun d'entre nous possède en propre et séparément domicile, enfants et femme. De là naît l'égoïsme. En effet, pour faire accéder un fils à la richesse et aux honneurs, pour lui laisser un gros héritage, chacun de nous en vient [...] à piller le bien commun (p. 85).

Campanella, qui place la sagesse au centre de sa *civitas*, est convaincu que « la richesse les [les hommes] rend arrogants, orgueilleux, ignorants traîtres, tranchant de ce qu'ils ignorent » (p. 127). À l'inverse des Espagnols qui, « poussés par le désir cupide de l'or et des richesses [...], s'en vont chercher de nouvelles contrées » (p. 213), les Solariens, eux, ne voyagent que pour acquérir de nouvelles connaissances.

Même Francis Bacon — qui occupe pourtant une place à part dans la littérature de l'utopie, notamment parce que sa *Nouvelle Atlantide* (1627) ne bannit point la propriété privée — tient à souligner que les habitants de cette île ne pratiquaient pas le commerce « pour [se] procurer de l'or, de l'argent, des pierres précieuses, des soieries, des épices ou d'autres commodités matérielles », mais pour « connaître [...] tout ce qui pouvait concerner les sciences, les arts, les techniques et les inventions du monde entier » et pour se procurer « des livres [...] de toutes sortes » (p. 106, p. 105). Et puisque les principes élitistes qui régissent les activités de la Maison de Salomon ont pour fondement un progrès éclairé, des savoirs pratiques et des techniques répondant aux besoins de l'humanité, Raymond Trousson suggère à bon droit que, chez Bacon, le « propos n'est pas de nature économique » (p. 82), mais est surtout fondé sur les « exigences d'une science moderne » (p. 83).

La recherche du bien-être et la circulation autorisée de l'or et de l'argent (p. 106) obligent les habitants à prendre en compte l'ambivalence de la technique et le danger de la corruption. Sur cette île, en effet, les fonctionnaires se considèrent comme de loyaux serviteurs de l'État et du bien commun, et leur code éthique leur interdit d'accepter les dons d'argent, comme le racontent avec stupeur les étrangers qui ont abordé par hasard à Bensalem :

> Puis il [le fonctionnaire] prit congé et, quand nous lui offrîmes des pistoles, il répondit en souriant qu'« il ne faut pas être payé deux fois pour le même travail », par quoi il voulait dire, à mon sens, que l'État lui assurait une rémunération suffisante pour son service. Car, ainsi que je l'appris plus tard, tout agent de l'État qui accepte des récompenses, ils l'appellent « le double-solde » (p. 87).

## 7. Jim Hawkins : chasseur de trésors ou numismate ?

Les îles fantastiques n'ont pas été uniquement des modèles de société où sont condamnées la richesse et l'injustice. Dans l'un de ses plus célèbres romans d'aventures, Stevenson en a également fait des lieux mythiques où se mêlent histoires de pirates, de meurtres et de fortunes prodigieuses. Dans *L'Île au trésor*, tout le récit tourne en effet autour d'un voyage mouvementé à bord de l'*Hispaniola* pour récupérer le fabuleux butin enterré par le capitaine Flint dans un obscur atoll de la mer des Caraïbes :

> Ce qu'il avait coûté en vies sacrifiées, en sang répandu, en pleurs versés, nul au monde, je crois, n'aurait pu le dire : pour l'amasser, il y avait eu trop de fiers navires arraisonnés,

> trop de marins courageux condamnés, les yeux bandés, au supplice de la planche, trop de coups de canon, trop de forfaitures, de mensonges et de cruautés (p. 279).

Dans sa discussion très animée avec le docteur Livesey, non seulement le chevalier Trelawney ne cache pas son admiration pour Flint le flibustier (« Les Espagnols en avaient une crainte si extrême que, je n'hésite pas à le dire, monsieur, il m'arrivait d'être fier qu'il soit anglais » — p. 78), mais il crée aussitôt une association dans le but d'armer un navire et de partir à la recherche de l'énorme fortune accumulée illégalement par les pirates. Comme le suggère Geminello Alvi, cette entreprise dévoile à la fois la « duplicité des deux gentilshommes » et « la parenté entre l'activité associative de la piraterie et le capitaliste ». Et voilà comment ces nouveaux *conquistadores*, tout disposés à s'emparer du butin du mythique Flint, s'empressent de saisir l'occasion au vol :

> — De l'argent ! s'écria le seigneur. N'avez-vous donc point entendu cette histoire comme moi ? Que veulent ces gredins, en dehors de l'argent ? De quoi se soucient-ils, sinon d'argent ? Pour quoi risqueraient-ils leur maudite carcasse, si ce n'est pour de l'argent ? (p. 78).

Même le jeune Hawkins, qui est le protagoniste du roman, s'embarque en compagnie de ses nouveaux « associés ». Après avoir connu bien des adversités et risqué plusieurs fois sa vie, le jeune homme parvient enfin à la grotte où a été caché le colossal trésor. Mais ici un coup de théâtre attend le lecteur : une fois entré en possession des richesses accumulées par des corsaires sans scrupules et commençant à les emballer pour les transporter sur le navire, Jim montre une totale indifférence pour la valeur matérielle des pièces de monnaie :

> Elles formaient une singulière collection, s'apparentant au trésor de Billy Bones pour ce qui était de la diversité des monnaies, mais tellement plus abondante et variée que je crois n'avoir jamais de ma vie éprouvé autant de plaisir qu'à les trier. Pièces anglaises, françaises, espagnoles, portugaises, georges et louis, doublons et doubles guinées, moïdores et sequins ; effigies de tous les souverains d'Europe des cent dernières années, curieuses pièces orientales frappées de signes semblables à des bouts de ficelle ou des filaments de toiles d'araignée, pièces rondes et pièces carrées, pièces trouées en leur centre, comme pour être portées autour du cou… Je crois bien que quasiment tous les types de monnaie au monde figuraient dans

> cette collection. Quant à leur nombre, elles devaient être aussi nombreuses que les feuilles en automne, si bien que mon dos n'en pouvait plus de se courber et que mes doigts me brûlaient à force de les trier (p. 281).

Au terme d'un parcours initiatique mouvementé où il a surtout appris à reconnaître les différents visages du mal, le jeune protagoniste du roman contemple ces objets en or et en argent avec les yeux émerveillés d'un numismate débutant, sans éprouver le moindre intérêt pour leur valeur marchande. Contrairement aux cupides membres de l'équipage, il prend plaisir à cataloguer les pièces de monnaie, fasciné par la variété des visages des souverains qui y sont représentés et par l'étrangeté des motifs qui y sont gravés, comme si leur valeur, dépourvue de toute signification économique, se limitait strictement à leur dimension historique et artistique : tant de dangers traversés, pour découvrir à la fin de l'aventure que le véritable trésor ne réside pas dans les doublons ou les sequins, mais dans la culture dont ils ne sont eux-mêmes qu'une expression ! Stevenson a explicitement signifié dans d'autres ouvrages que, selon lui, l'*être* a plus de valeur que l'*avoir* : en parfait accord avec cette conviction, le jeune Jim Hawkins, mû par une inutile *curiositas* dans ce mystérieux atoll des Caraïbes, a tout de même compris que les gravures comptent davantage que la valeur marchande des pièces, car, outre qu'elles constituent diverses expressions de la beauté, elles témoignent des moments les plus mémorables dans l'histoire des peuples et des royaumes. Désormais immunisé contre la fièvre de l'or, il avoue dans les dernières lignes du roman n'éprouver aucun regret pour les lingots d'argent qu'il a laissés enterrés dans l'île :

> Les lingots d'argent et les armes se trouvent toujours là où Flint les a enterrés, mais qu'on ne compte pas sur moi pour aller les récupérer. Un attelage de bœufs ne suffirait pas à me ramener sur cette île maudite (p. 287).

## 8. *Le Marchand de Venise* : la livre de chair, le royaume de Belmont et l'herméneutique du Silène

Shakespeare avait déjà imaginé un royaume où l'on ne connaît pas la fièvre du profit. En effet, dans le royaume fantastique de Belmont — situé dans l'arrière-pays vénitien qui constitue l'un des deux décors où se déroule l'histoire du *Marchand de Venise* —, l'or et l'argent sont considérés avec mépris, comme le montrent les vers contenus dans les coffrets qui jouent un rôle décisif dans le choix du futur époux de la belle et sage Portia. Le prince du Maroc décide d'ouvrir le coffret en or, qui porte cette inscription : « *Qui me choisit aura ce que beaucoup désirent* » (II.7, 37, p. 123). Mais, au lieu d'y trouver le portrait de celle qu'il désire épouser, il sera moqué par les vers rédigés sur un parchemin glissé « dans l'œil cave » d'une « tête de mort » :

> *Tout ce qui brille n'est pas or, / On l'entend souvent dire encor. / Plus d'un homme a connu la mort / Pour contempler mon seul dehors. / Tombes dorées ont les vers pour trésor. / Eussiez-vous été sage autant que fort, / Vieux en esprit, bien que jeune de corps, / Cette réponse n'eût pas été votre sort… / Adieu donc, froide est votre requête alors* (II. 7, 64-73, p. 125).

Le même sort attend le prince d'Aragon, attiré par le coffret d'argent sur lequel est inscrite cette promesse : « *Qui me choisit obtiendra ce qu'il mérite* » (II.7, 7, p. 123). Au lieu d'obtenir la main de Portia, il recevra une sévère réprimande :

> *Le feu sept fois éprouva ceci, / Sept fois éprouvé est le verdict, / Qui n'a jamais mal choisi. / Il en est qui embrassent des ombres : / Du bonheur ils*

*n'attrapent qu'une ombre. / Il y a, ma foi, des sots en vie, / Couverts d'argent, tel celui-ci. / Menez au lit femme que vous voulez, / Votre tête toujours je serai : / Aussi partez, vous êtes défait* (II.9, 62-72, p. 135).

Finalement, de tous les prétendants, seul l'« humaniste » Bassanio saura faire le bon choix. Ses paroles semblent en effet une anticipation des vers qu'il découvrira peu après, cachés dans le coffret de plomb sur lequel est inscrit cet avertissement : « *Qui me choisit doit donner et risquer tout ce qu'il a* » (II.7, 9, p. 123) :

> Ainsi les apparences extérieures peuvent être les moins véridiques : / Le monde est toujours abusé par l'ornement. / Devant la justice, quelle est la cause si impure et si corrompue, / Qui, pimentée d'une gracieuse voix, / Ne dissimule son apparence maligne ? En religion, / Quelle est l'erreur damnée qu'un front austère / Ne bénisse et ne cautionne d'un texte sacré, / Cachant sa grossièreté sous de beaux ornements ? / Il n'est pas de vice si fruste qui ne présente / Quelque dehors de vertu à l'extérieur ; / Combien de lâches, dont les cœurs sont tous aussi faux / Que des escaliers de sable, portent pourtant au menton / La barbe d'Hercule et de Mars courroucé ? / Sondés à l'intérieur, ils ont le foie blanc comme lait, / Et ils n'affichent que

> le masque de la bravoure / Pour se rendre redoutables [...] (III.2, 73-88, p. 153-155).

Bassanio n'aime pas amasser de l'argent et ne se soucie point de son patrimoine (« Vous n'ignorez pas, Antonio, / À quel point j'ai délabré ma fortune, / En déployant un faste plus somptueux / Que celui que mes faibles moyens me permettaient de soutenir » — I.1, 122-126, p. 55). Certes, dans un premier temps, son désir d'épouser Portia semble faire partie d'une stratégie pour payer ses dettes (comme il l'avouera à Antonio : « Et c'est sur la foi de votre amour que je me décide, / À vous dévoiler tous les plans et projets que je forme / Pour me libérer de toutes mes dettes » — I.1, 132-134, p. 55) : mais, une fois qu'il se trouve devant les coffrets dans la villa imaginaire, le jeune Vénitien exprime une vision du monde centrée sur la dialectique de la réalité et de l'apparence. Pour lui, l'aspect externe de ce qui se manifeste sous nos yeux est trompeur, et il faut savoir voir au-delà de la surface, pour comprendre que les mensonges se présentent bien souvent déguisés en vérités et que derrière l'éclat de l'or et de l'argent se cache une infinité de pièges :

> Ainsi l'ornement n'est que le rivage trompeur / De la mer la plus dangereuse ; la belle écharpe

/ Qui voile une beauté indienne ; en un mot, / Le semblant de vérité que revêtent des temps perfides / Pour piéger les plus sages. C'est pourquoi, or clinquant, / Dur pain du roi Midas, je ne veux pas de toi, / Ni de toi, pâle et vulgaire esclave / Qui vas d'un homme à l'autre ; mais toi, toi, maigre plomb, / Qui menaces plus que tu ne promets, / Ta candeur me touche plus que l'éloquence, / C'est toi que je choisis — la joie en soit la conséquence ! (III.2, 97-107, p. 155).

Ce n'est donc pas par hasard que le coffret le plus modeste, le coffret en plomb, soit celui dans lequel Bassanio trouvera le portrait de l'aimée et les vers qui le félicitent pour sa sagesse : « *Toi qui ne choisis pas sur l'apparence, / Heureux ton choix, bonne ta chance* » (III.2, 131-132, p. 157). Autrement dit, l'amant conquiert Portia en s'inspirant de la figure du Silène qui avait été réactivée plusieurs fois à la Renaissance par divers auteurs (parmi lesquels Pic de la Mirandole, Érasme, Rabelais, Ronsard, le Tasse et Bruno). Fondée sur le *topos* du Socrate-Silène décrit par Alcibiade dans *Le Banquet* de Platon, cette image devient un instrument herméneutique permettant d'expliquer le fonctionnement des textes et du monde : il faut nécessairement aller au-delà de l'écorce pour trouver, derrière l'apparence, la véritable essence des choses, car l'enveloppe ne compte pas. Et cette règle vaut non seulement pour l'interprétation des mots, mais aussi pour celle des choses et des hommes.

À Venise, en revanche, les valeurs dominantes s'opposent à celles qui ont cours au royaume de Belmont. Dans cette ville déchirée par des conflits sociaux et religieux, l'usure et le commerce sont tellement prépondérants qu'on y assimile les êtres humains eux-mêmes aux marchandises et à l'argent. Pour aider Bassanio, Antonio emprunte trente mille ducats au juif Shylock. Le marchand vénitien sait très bien à quel danger il s'expose ainsi (le créancier étant décrit comme un Silène inversé : « Une âme fourbe produisant de saints témoignages / Est comme un traître à la joue souriante, / Une belle pomme dont le cœur est pourri. / Ô quelle belle figure a la duplicité ! » — I.3, 94-97, p. 77). De fait, l'indemnité prévue en cas de non-remboursement dans les délais n'est pas une somme d'argent, mais une livre de chair que le créancier pourra lui-même prélever dans le corps du débiteur (« [...] que le dédit, / Soit fixé à une livre exactement / De votre chair blanche, à découper et à prendre / Dans la partie de votre corps qui me plaira » — I.3, 144-147, p. 79). Mis dans l'impossibilité d'honorer le contrat parce que ses bateaux ne sont pas rentrés au port, Antonio est traîné devant le tribunal par le riche usurier, qui, n'ayant attendu que cela (« Je lui arracherai le cœur » — III.1, 110, p. 149), réclame que l'accord soit respecté.

Mais à l'inhumanité qu'on a souvent reprochée ici à Shylock fait écho l'inhumanité que le Juif avait lui-même reprochée aux chrétiens un peu plus tôt :

> Un Juif n'a-t-il pas des yeux ? Un Juif n'a-t-il pas des mains, des organes, un corps, des sens, des désirs, des émotions ? N'est-il pas nourri par la même nourriture, blessé par les mêmes armes, sujet aux mêmes maladies, guéri par les mêmes moyens, réchauffé et refroidi par le même hiver et le même été, qu'un chrétien ? Si vous nous piquez, est-ce que nous ne saignons pas ? Si vous nous chatouillez, est-ce que nous ne rions pas ? Si vous nous empoisonnez, est-ce que nous ne mourons pas ? Et si vous nous outragez, ne nous vengerons-nous pas ? (III.1, 53-58, p. 143).

C'est à Portia, déguisée en Balthazar, docteur en droit, qu'il reviendra de trouver une issue au différend, en prévenant le Juif qu'il doit respecter le contrat à la lettre et donc découper très précisément la part qui lui revient : une livre de chair, sans une goutte de sang, sans un seul gramme en trop ou en moins. Cette part sera pesée sur la balance de l'orfèvre et, au moindre écart de poids, Shylock perdra ses biens et sa vie (« Ainsi prépare-toi à découper la chair, / Ne verse pas de sang, et ne coupe ni plus ni moins / Que juste une livre de chair : si tu prends plus / Ou moins que juste une livre, / Si tu allèges ou alourdis un tant soit peu la mesure exacte, / Ne fût-ce que de la fraction d'un grain, / Oui, même si le plateau penche / De l'épaisseur d'un cheveu, / Tu meurs, et tous tes biens sont confisqués » — IV.1, 321-329, p. 215). Certes, le but est ici d'empêcher de verser le sang d'un citoyen vénitien. Mais, en même temps, c'est précisément le *superflu* (ce qui excède) ou le moindre écart dans la *mesure* (ce qui manque) qui dissuaderont le créancier d'exiger que le contrat soit respecté à la lettre.

Pour un temps au moins, Portia aura donc rappelé à Shylock et à Antonio que les lois de l'argent et de l'usure ne permettent pas que les hommes soient eux aussi transformés en marchandises. Qu'ils soient juifs ou chrétiens — le pseudo-Balthazar évite délibérément de les distinguer : « Qui est ici le marchand, et qui le Juif ? » (IV.1, 171, p. 201) —, aucun contrat n'autorise qui que ce soit à mettre sur le même plan de la chair humaine et un quelconque bien marchand. Contrairement à ce que pense le créancier, la vie ne se réduit pas à l'argent (« [...] vous prenez ma vie / Quand vous me prenez les moyens de vivre » — IV.1, 373-374, p. 219), ainsi qu'en témoigne personnellement la belle dame du royaume de Belmont quand elle refuse toute compensation pour son travail (« Est bien payé qui est bien satisfait. / Or, en vous délivrant, je suis satisfait, / Et en cela me tiens pour bien payé : / Jamais mon esprit ne fut plus mercenaire » — IV.1, 412-415, p. 221-223).

De cette place centrale du thème de l'usure et de l'argent dans la pièce il est d'ailleurs possible de trouver une confirmation indirecte dans les pénétrantes analyses de Marx, qui évoque le personnage de Shylock dans plusieurs de ses ouvrages. Laissons de côté la question, très controversée, du sens de la « question juive » chez Marx, et notons surtout sa conviction que le protagoniste du *Marchand de Venise* devient l'incarnation même du capitalisme, signant le passage « de l'usurier au créancier moderne ». Ainsi le personnage fantasmatique de Shylock — qui n'a rien à voir avec le juif en chair et en os — devient-il dans les écrits de Marx consacrés à l'usure la métaphore du capital et de l'aliénation de l'homme réduit à un bien marchand, comme l'explique Luciano Parinetto :

> Comme le Juif, comme Shylock, le capital n'a qu'un simulacre de nationalité puisqu'il ne respecte personne, pas plus qu'il n'a de frontières : que ce soit au sein ou en dehors de la nation, *il exige sa livre de chair*. Voilà pourquoi le Juif imaginaire, apatride par définition, le personnifie de manière si exemplaire. Tout ceci ne fait que reprendre ce que Marx avait déjà écrit lui-même en 1843 : « Le simulacre de nationalité du Juif est la nationalité du commerçant et de l'homme d'affaires en général. »

Étant donné l'ambiguïté de ce jeu des contraires que Shakespeare met habilement en scène dans sa mystérieuse et complexe comédie, je crois que l'herméneutique du Silène peut nous aider à mieux saisir les renversements qui se produisent entre réalité et apparence, entre vérité et fiction. Comme Franco Marenco l'a justement relevé, ce jeu des contraires concerne également l'essence même de la parole, dont la signification oscille entre valeur littérale et valeur figurée. Ainsi les thèmes de l'usure, du commerce, de la créance et de la dette, du gaspillage et de l'accumulation, de la clémence, de l'amour hétérosexuel et homosexuel, de la mélancolie et de la joie, du conflit entre Juifs et chrétiens, des tensions religieuses entre radicaux et modérés, des relations ambiguës entre opprimés et oppresseurs renvoient-ils à ce rapport dialectique entre *res* et *verba* (entre *intus* et *extra*) qui détermine tous les aspects de la pièce.

La même scène peut en effet revêtir différentes significations selon le point de vue où l'on se place pour interpréter les gestes et les paroles de tel ou tel personnage. Le Juif Shylock est à la fois victime et bourreau, tout comme les chrétiens qui sont en conflit avec lui. Dans une même situation, il y a celui qui rit et celui qui pleure (l'allusion de Portia à « ce philosophe qui pleurait toujours » — I.2, 45, p. 63 — renvoie certainement au *topos* d'Héraclite et de Démocrite). Le comique et le tragique partagent le même espace : pour les personnages (sur les planches) comme pour les spectateurs (dans le théâtre du monde), une scène identique peut susciter de la joie chez certains et de la tristesse chez d'autres. Comme l'a souligné Agostino Lombardo, l'incertitude et la relativité imprègnent l'ensemble de la structure de l'œuvre.

Bien d'autres problèmes importants devraient être abordés et traités. Mais, dans mes brèves réflexions, j'ai seulement voulu suivre l'une des nombreuses pistes qui permettent de lier Venise à cet imaginaire royaume de Belmont où l'or et l'argent ne valent rien en comparaison du chant des oiseaux et des beautés de la nature. C'est ce que Lorenzo signifie très clairement quand, en accord avec certaines réflexions de Portia elle-même, il soutient que l'homme insensible à la musique peut facilement se laisser aller à la violence utilitariste de la tromperie et du vol :

> L'homme qui n'a pas de musique en lui, / Et que ne touche pas un concert de doux sons, / Est propre aux trahisons, aux stratagèmes, et au pillage, / Les mouvements de son esprit sont ténébreux comme la nuit / Et ses désirs sombres comme l'Érèbe ; / Méfiez-vous d'un tel homme… écoutons la musique (V.1, 82-87, p. 235-237).

Dans cette « île » fantastique inventée par Shakespeare, où *donner* compte davantage qu'*avoir* (comme en témoigne l'histoire de l'écrin de plomb), la gratuité et l'inutile semblent à l'abri de la force destructrice du dieu argent, c'est-à-dire de l'utilitarisme le plus inhumain qui condamne les hommes à devenir à tout prix les esclaves du profit et à devenir de simples marchandises…

## 9. Aristote : le savoir n'a pas d'utilité pratique

Même la culture doit être protégée contre la force corrosive de l'argent et du profit. Sur la valeur en soi du savoir, Aristote a écrit des pages capitales dans sa *Métaphysique*. C'est en effet à lui que revient le mérite d'avoir clairement montré que, sous ses formes supérieures, « [la] science n'a pas un objet directement pratique » et que, « à l'origine comme aujourd'hui, c'est l'étonnement et l'admiration qui conduisirent les hommes à la philosophie ». « Si donc c'est pour dissiper leur ignorance que les hommes ont cherché à philosopher, il est évident qu'ils ne cultivèrent cette science si ardemment que pour savoir les choses, et non pour en tirer le moindre profit matériel » :

> Ainsi, il est bien clair que la philosophie n'est recherchée pour aucune utilité étrangère ; mais, de même que nous appelons libre l'homme qui ne travaille que pour lui, et non pour un autre, de même cette science est, entre toutes, la seule qui soit vraiment libre, puisqu'elle est la seule qui n'ait absolument d'autre objet qu'elle-même.

Or c'est cette liberté de la philosophie, définie par son refus d'être l'esclave de l'utile, qui fonde la *divinitas* des êtres humains (« Aussi est-ce encore à bon droit qu'on peut estimer plus qu'humaine sa possession »).

## 10. Pur théoricien ou philosophe-roi ? Les contradictions de Platon

En somme, Aristote résout de manière nette la tension continue qui existait chez Platon entre le philosophe intéressé par la pure activité théorétique et le philosophe engagé dans la politique. Dans le *Théétète*, Socrate distingue en effet les « esclaves » et les « hommes libres », ceux qui fréquentent les tribunaux et ceux qui fréquentent exclusivement la philosophie :

> Entre ceux qui depuis leur jeunesse traînent dans les tribunaux et les endroits de ce genre, et ceux qui ont été nourris dans la quête du savoir et dans ce genre d'occupation, la différence d'éducation risque d'être celle qu'il y a entre des esclaves et des hommes libres (172c-d).

Les « hommes libres » n'ont pas de problèmes de temps et n'ont de comptes à rendre à personne, tandis que les « esclaves » sont soumis à la clepsydre et à un « patron » qui décide :

> Aux uns, ce que tu as dit toi-même est toujours présent, le loisir, et c'est à loisir qu'ils discourent, dans la paix [...] ; et parler en de longs développements ou de brèves répliques

> n'est pour eux d'aucune importance, pourvu seulement qu'ils se rencontrent avec ce qui est. Les autres, c'est dans une perpétuelle urgence qu'ils parlent, car l'eau qui coule fait pression sur eux ; le temps ne leur est pas laissé de discourir sur ce qu'ils voudront, mais leur adversaire au tribunal les interrompt, car il dispose d'une contrainte : la liste, dont la lecture s'ajoute à leur plaidoirie, des griefs dont il est interdit à l'orateur de s'écarter, ce qu'ils appellent le serment qu'ils ont prêté l'un contre l'autre. Quant à leurs discours, qui ont toujours trait à un compagnon d'esclavage, ils les tiennent devant un maître qui siège, disposant de la sentence (172d-e, p. 204).

Dès lors, préoccupés par l'objectif à atteindre, ils deviennent des hommes « sachant aussi bien flatter le maître par la parole que lui complaire en action » et, « pour ce qui est de leur âme, petits et sans droiture » :

> L'esclavage subi depuis leur jeunesse les a privés de croissance, de rectitude et de liberté d'allure. Il les force à agir d'une manière qui les déforme, quand il fait peser sur des âmes encore faibles de grands dangers et de grandes frayeurs : comme ils ne peuvent s'aider du juste et du vrai pour les supporter, qu'ils prennent tout de suite le pli de tromper et de prendre des

> revanches les uns sur les autres, ils sont tordus de toutes parts et chétifs. En conséquence, c'est sans rien avoir de sain dans leur pensée qu'ils finissent par passer de l'adolescence à l'âge d'homme, étant devenus, à ce qu'ils croient, habiles et compétents (173a-b, p. 204-205).

Les « vrais philosophes », en revanche, « depuis leur jeunesse [...] ne savent pas le chemin pour se rendre au lieu de l'assemblée, ni où se trouve le tribunal, le Conseil, ni un autre lieu où la Cité s'assemble en commun ». Ils ignorent en quoi consistent les intrigues menées « pour s'assurer les magistratures, leurs réunions, les repas, les fêtes qu'ils organisent avec des joueuses de flûte ». Ils « tien[nent] tout cela pour peu de chose et même pour rien » et volent dans les hauteurs, « astronome[s] "au surplomb du ciel", explorant enfin sous tous ses aspects la nature entière de chacun des êtres en général » (173e-174a, p. 206). Et quand « un tel homme est confronté à quelqu'un individuellement, aussi bien en privé qu'en public », il arrive facilement qu'« il provoque le rire, non seulement chez les femmes thraces mais dans tout autre public » et que son « inexpérience » « lui donne l'air stupide » (174b-c, p. 207). Comme Paul Ricœur l'a bien montré, celui qui parcourt le chemin de la vraie philosophie prend le risque d'échouer sur le plan de la vie tout court. Pourvu que cela lui permette de conquérir la liberté, le vrai philosophe cherche toujours à garder les yeux tournés vers le ciel, sans craindre de finir peut-être par tomber dans un puits comme Thalès :

> Telle est donc l'allure propre à chacun des deux, Théodore. L'une est propre à qui a été nourri réellement dans la liberté et le loisir, celui, donc, que tu nommes aspirant au savoir. Il n'y a pas à le blâmer pour son air de candeur ni pour la nullité qui est la sienne à chaque fois qu'il tombe dans les fonctions que remplissent les esclaves : c'est l'allure de qui ne sait pas, par exemple, emballer sa literie, ni assaisonner un plat ou des paroles flatteuses. L'allure opposée, c'est celle de qui est capable de remplir toutes les fonctions de ce genre avec adresse et rapidité, mais ne sait pas relever d'un geste libre son manteau sur l'épaule droite, pas plus qu'il ne met ses paroles au diapason pour chanter comme il faut la vraie vie, celle des dieux et des hommes heureux (175d-176a, p. 209).

Dans *La République*, Platon avait déjà analysé ces deux attitudes, en laissant entrevoir la possibilité d'un engagement du philosophe dans la vie publique. Socrate rappelle en effet à son interlocuteur l'importance de la recherche pure, considérée comme une fin en soi : « Encore moins ont-ils [= la masse des gens] prêté suffisamment l'oreille, mon bienheureux, à des propos beaux et libres, du genre de ceux qui s'appliquent à la recherche du vrai de toutes les manières possibles dans le but d'atteindre la connaissance » (VI, 499a, p. 337). Et, plus loin, au moment où il est surtout question de l'éducation des jeunes, Socrate reprend cette idée en insistant sur la nécessité de ne pas conférer à leur enseignement « la structure d'un programme d'enseignement obligatoire », étant donné qu'« aucun homme libre ne doit s'engager dans l'apprentissage de quelque connaissance que ce soit comme un esclave » (VII, 536d-e, p. 393).

Mais, comme Mario Vegetti l'a bien mis en évidence, il existe plusieurs types de gouvernants philosophes dans *La République*. Et c'est justement aux philosophes qui se forment tout seuls au cours d'études privées et qui sont mus par le pur désir de connaissance — Iris (la philosophie) étant fille de Thaumas (l'étonnement), selon le mythe hésiodique rappelé dans le *Théétète* (155d) — que Platon demande « exceptionnellement » de régner (*basileuein*) : c'est à eux qu'il revient de former les *archontes* et les dialecticiens qui dirigeront la cité future.

## 11. Kant : le jugement de goût est désintéressé

À partir de Kant, c'est aussi le jugement esthétique qui est directement concerné par la notion de désintéressement. Dans les premières pages de la *Critique de la faculté de juger* (1790), le philosophe allemand soutient que la représentation de l'objet peut être accompagnée d'une satisfaction « quelle que puisse être mon indifférence concernant l'existence de l'objet de cette représentation » (§ 2, p. 959) :

> On voit aisément que c'est ce que je fais de cette représentation en moi-même, et non pas ce en quoi je dépends de l'existence de l'objet, qui importe pour que je puisse dire qu'un tel objet est beau et pour faire la preuve que j'ai du goût. [...] Et cette proposition, qui est de toute première importance, nous ne saurions mieux l'expliquer qu'en opposant à la satisfaction pure désintéressée dans le jugement de goût la satisfaction qui se trouve liée à un intérêt (§ 2, p. 959-960).

Pour Kant, l'intérêt est étroitement lié au plaisir et à l'existence de l'objet. Et puisque « tout intérêt suppose un besoin ou bien il en produit un et, en tant que principe déterminant de l'approbation, il ne laisse plus le jugement sur l'objet être libre », « [la satisfaction] du goût pour le beau est la seule et unique qui soit une satisfaction désintéressée et *libre* ; car aucun intérêt — ni l'intérêt des sens ni l'intérêt de la raison — n'oblige à donner son approbation » (§ 5, p. 966). Et c'est en se basant sur cette notion de désintéressement que le philosophe allemand peut alors proposer sa célèbre définition du goût :

> Le goût est la faculté de juger et d'apprécier un objet ou un mode de représentation par une satisfaction ou un déplaisir, *indépendamment de tout intérêt*. On appelle beau l'objet d'une telle satisfaction (§ 5, p. 967).

## 12. Ovide : rien de plus utile que les arts inutiles

Soucieux de fustiger, dans ses *Métamorphoses*, la « passion scélérate de la richesse » (« *amor sceleratus habendi* »), Ovide est l'un des écrivains qui aborde le plus explicitement la question de l'utilité de l'inutile. Dans l'une de ses *Pontiques* — adressée à son ami Aurelius Cotta Maximus Messalinus —, le poète reconnaît cultiver l'inutile : « Si tu réfléchis bien à ce que je puis faire, rien n'est plus utile que ces exercices dénués de toute utilité » (« *Cum bene quaesieris quid agam, magis utile nil est / artibus his, quae nil utilitatis habent* » — I, 5, v. 53-54, p. 22).

Même s'il la considère parfois comme un remède aux douleurs de l'exil (« J'y trouve l'oubli de mon malheur » — « *Consequor ex illis casus oblivia nostri* » — I, 5, v. 55, p. 22), Ovide sait bien qu'on ne peut retirer de la poésie aucun « avantage » : « Jusqu'ici aucune de mes œuvres, dût-on les citer toutes, ne m'a servi, et plût au ciel qu'aucune ne m'ait nui ! » (« *Tempus ad hoc nobis, repetas licet omnia, nullum / profuit — atque utinam non nocuisset ! — opus* » — I, 5, v. 27-28, p. 21). Bien au contraire : ce sont peut-être ses propres vers qui ont causé ses malheurs.

Et cependant, en dépit de tout, quand la question lui est posée (« Pourquoi donc écrire, t'étonnes-tu ? » — « *Cur igitur scribam, miraris ?* » — I, 5, v. 29, p. 21), le poète n'hésite pas à répondre : « Et moi, de même, je poursuis opiniâtrement une inutile étude » (« *Sic ego constanter studium non utile servo* » — I, 5, v. 41, p. 21), tel le gladiateur qui, malgré ses blessures, retourne combattre, ou le marin qui, pourtant rescapé d'un naufrage, ne peut s'empêcher de reprendre la mer.

## 13. Montaigne : « il n'y a rien d'inutile », « non pas l'inutilité même »

Aucun livre n'est capable de nous ébranler aussi intimement que les *Essais* (1580-1588). Et pourtant leur auteur affirme qu'il ne les a pas écrits dans un but précis (« je ne m'y suis proposé aucune fin, que domestique et privée »), mais pour raconter en privé — ainsi que l'a brillamment suggéré Fausta Garavini — les peurs et les réactions de défense « d'un être qui se découvre fragmenté et multiple » : « Ainsi, lecteur, je suis moi-même la matière de mon livre : ce n'est pas raison que tu emploies ton loisir en un sujet si frivole et si vain » (*Au Lecteur*, p. 2). Un livre « inutile », donc, qui est conçu dans une bibliothèque construite précisément à l'emplacement d'une penderie, « le lieu plus inutile de ma maison » (III, 3, p. 1530). C'est là que Montaigne passe la plupart de son temps, dans la solitude, à étudier pour se divertir et non pas pour un quelconque profit (« [J'étudie] à cette heure, pour m'ébattre. Jamais pour le quêt » — III, 3, p. 1532). Et il étudie tout en sachant pourtant que la philosophie est considérée comme « de nul usage et de nul prix » :

> C'est grand cas que les choses en soient là, en notre siècle, que la philosophie ce soit,

> jusques aux gens d'entendement, un nom vain et fantastique, qui se trouve de nul usage et de nul prix, et par opinion et par effet (I, 26, p. 288).

Mais Montaigne ne rend pas les armes pour autant. Et il nous invite même à reconnaître dans bien des cas l'inutilité de ce qui est pourtant communément réputé utile (ainsi, par exemple, faudrait-il « engendrer aux hommes le mépris de l'or et de la soie, comme de choses vaines et inutiles : et nous leur augmentons l'honneur et le prix, qui est une bien inepte façon pour en dégoûter les hommes » — I, 43, p. 480).

L'auteur des *Essais* sait bien que plusieurs de ses qualités « non reprochables » sont complètement inutiles « en un siècle fort dépravé » :

> Les qualités mêmes qui sont en moi non reprochables, je les trouvais inutiles en ce siècle. La facilité de mes mœurs, on l'eût nommée lâcheté et faiblesse : la foi et la conscience, s'y fussent trouvées scrupuleuses et superstitieuses : la franchise et la liberté, importune, inconsidérée et téméraire (II, 17, p. 1196).

Dénués de toute prétention, les *Essais* se présentent comme un témoignage. Et les inquiétudes des proches de Montaigne — qui redoutaient que le jeune Michel ne devienne un adulte inutile

(« Nul ne pronostiquait que je dusse devenir mauvais, mais inutile » — I, 26, p. 318) — n'étaient finalement pas si infondées puisque tout semblait indiquer qu'il se destinait à l'écriture :

> Mais il y devrait avoir quelque coerction des lois contre les écrivains ineptes et inutiles, comme il y a contre les vagabonds et fainéants. On bannirait des mains de notre peuple, et moi, et cent autres. Ce n'est pas moquerie (III, 9, p. 1754).

Certes, il ne faut pas toujours prendre Montaigne au pied de la lettre, comme André Tournon a raison de l'indiquer dans son commentaire des passages consacrés aux « écrivains ineptes et inutiles ». Mais de toute façon la conscience de son « inutilité » (« Me trouvant inutile à ce siècle, je me rejette à cet autre » — III, 9, p. 1852) pouvait très bien coexister chez Montaigne avec sa conviction qu'« il n'y a rien d'inutile en nature », « non pas l'inutilité même » (III, 1, p. 1458).

## 14. Leopardi flâneur : le choix de l'inutile contre l'utilitarisme d'un « siècle superbe et sot »

Entre 1831 et 1832, Giacomo Leopardi et son cher ami Antonio Ranieri projettent de publier un journal hebdomadaire (*Lo Spettatore Fiorentino*) qui se veut inutile. Le « Préambule » déclare en effet : « Nous reconnaissons franchement que notre Journal n'aura aucune utilité » (p. 1032). En un siècle entièrement voué à l'utilité, il devient absolument capital d'attirer l'attention sur l'inutile :

> Et, en un siècle où tous les livres, tous les papiers imprimés, toutes les cartes de visite sont utiles, nous estimons raisonnable de publier enfin un Journal qui fasse profession d'être inutile : car l'homme tend à se distinguer d'autrui et, quand tout est utile, il ne reste plus qu'à mettre en avant l'inutile pour penser (p. 1032).

Convaincu que le « délectable est plus utile que l'utile », Leopardi voit dans les femmes — indifférentes à toute logique productiviste — les destinataires idéales de son hebdomadaire. Il ne le pense pas « par galanterie », mais « parce qu'il est vraisemblable que les femmes, moins sévères, montrent plus de considération pour notre inutilité » (p. 1032). Naturellement, son projet n'a pas obtenu les autorisations nécessaires de la part des autorités florentines et il est mort-né.

Quelques années auparavant, en 1827, le poète de Recanati est en train de travailler à la réalisation d'une *Enciclopedia delle cognizioni inutili* — demeurée elle aussi inédite — dont il est question dans une lettre à son éditeur Stella datée du 13 juillet 1827. Le vif intérêt qu'il éprouve pour l'inutilité révèle le malaise d'un écrivain qui vit dans une société dominée par « des négociants et d'autres hommes occupés à faire de l'argent » (*Pensieri*, VII, p. 629), une société où l'homme se réduit à l'argent :

> On dirait que les hommes, dont les opinions sont en désaccord sur toutes les autres choses, ne se rejoignent que sur la valeur attribuée à l'argent ; ou plutôt, on dirait que l'argent — et l'argent seul — constitue l'essence de l'homme : mille indices semblent bien montrer que cela est considéré par le genre humain comme un immuable axiome, surtout à notre époque [...]. Et pendant ce temps, accompagnant l'industrie, la bassesse de l'âme, la froideur, l'égoïsme, l'avarice, la fausseté et la fourberie mercantile, toutes les manières d'être et les passions les plus dégradantes et les plus indignes de l'homme civilisé, triomphent et se multiplient sans cesse ; les vertus, en revanche, se font attendre (*Pensieri*, XLIV, p. 636-637).

À travers sa philosophie de l'inutile, Leopardi ne veut pas seulement défendre la survie de la pensée (il faut « mettre en avant l'inutile pour penser »), mais aussi affirmer l'importance de la vie, de la littérature, de l'amour, des illusions de la poésie et de tout ce qui est considéré comme superflu. D'où ces lignes d'une lettre qu'il envoie depuis Florence à Pietro Giordani le 24 août 1824 :

> Finalement je commence à être écœuré par l'orgueilleux mépris que l'on professe ici pour toute beauté et pour toute littérature : surtout que je n'arrive pas à me mettre dans le crâne que le sommet du savoir humain se trouve dans la connaissance de la politique et de la statistique. Au contraire, quand on considère philosophiquement l'inutilité presque absolue des efforts fournis depuis l'époque de Solon jusqu'à nos jours pour atteindre la perfection dans l'organisation sociale et le bonheur des peuples, j'ai plutôt envie de rire de cette rage des calculs et des arguties politiques et législatifs. [...] Voilà pourquoi le délectable me paraît d'une utilité supérieure à toutes les utilités, et la littérature plus véritablement et plus assurément utile que toutes ces disciplines [la politique et la statistique] si sèches (p. 1370).

Mais, comme il le rappellera lui-même plus tard dans quelques vers de *La Pensée dominante*, le poète de Recanati a conscience de vivre à une époque qui « hait la vertu », où la recherche obsessionnelle de l'utilité a fini par rendre inutile la vie elle-même (« Cet âge vaniteux / Qui se repaît de vides espérances, / Aime les contes et hait la vertu ; / Cet âge sot qui adore l'utile / Et ne voit point la vie / Se faire chaque jour plus inutile — / Je suis plus grand que lui » — v. 59-65, p. 112). Cet utilitarisme, lié à une idée erronée du progrès, est exalté toujours davantage dans les colonnes des journaux, ce que Leopardi lui-même dénoncera aussi dans la *Palinodie au marquis Gino Capponi* (« [...] tous les journaux, les plus divers de langue et de format, de tous les bords à l'unisson le promettent au monde. L'amour universel, les voies ferrées, les négoces divers, la vapeur, la presse et le *choléra* rapprocheront les peuples et les climats les plus lointains » — v. 39-45). Voilà pourquoi, peu de temps avant sa mort, dans une strophe décisive du *Genêt ou la Fleur du désert*, il dénoncera son « siècle superbe et sot » (v. 53).

## 15. Théophile Gautier : « Tout ce qui est utile est laid » comme « les latrines »

Quelques années après le singulier projet formé par Leopardi de fonder un hebdomadaire inutile, Théophile Gautier conduira jusqu'à ses plus extrêmes conséquences la bataille contre le moralisme tyrannique de certains « critiques utilitaires » (« vrais sergents de ville littéraires » prêts « à empoigner et à bâtonner, au nom de la vertu, toute idée qui se promène dans un livre la cornette posée de travers ou la jupe troussée un peu trop haut » — p. 41), poussés et payés par des journaux (« de quelque couleur qu'ils soient, rouges, verts ou tricolores » — p. 25) qui se présentent comme des « journaux utiles » (p. 42).

En 1834, âgé de 23 ans, l'auteur de *Mademoiselle de Maupin* fait précéder son roman d'une longue préface qui non seulement deviendra le manifeste de ce qu'on appelle « l'art pour l'art », mais qui est aussi, d'une manière plus générale, l'éloquente réaction de toute une génération contre ceux « qui ont la prétention d'être des économistes, et qui veulent rebâtir la société de fond en comble » (p. 43) :

> Non, imbéciles, non, crétins et goitreux que vous êtes, un livre ne fait pas de la soupe à la gélatine ; — un roman n'est pas une paire de bottes sans couture ; un sonnet, une seringue à jet continu ; un drame n'est pas un chemin de fer, toutes choses essentiellement civilisantes, et faisant marcher l'humanité dans la voie du progrès (p. 42).

Accusé par le quotidien *Le Constitutionnel* d'écrire des articles indécents, Gautier répond brillamment à ces attaques en employant un langage ironique, méprisant, plein de métaphores et d'allusions. Avec ce pamphlet véritablement pyrotechnique, l'auteur dépasse le cadre de la polémique proprement dite et formule sa poétique, fondée sur l'idée que l'art et la littérature sont indépendants de toute obligation moraliste et utilitariste :

> En vérité, il y a de quoi rire d'un pied en carré, en entendant disserter messieurs les utilitaires républicains ou saint-simoniens. [...] Il y a deux sortes d'utilité, et le sens de ce vocable n'est jamais que relatif. Ce qui est utile pour l'un ne l'est pas pour l'autre. Vous êtes savetier, je suis poète. — Il est utile pour moi que mon premier vers rime avec mon second. — Un dictionnaire de rimes m'est d'une grande utilité ; vous n'en avez que faire pour carreler une vieille paire de bottes, et il est juste de dire qu'un tranchet ne me servirait pas à grand-chose pour faire une ode. Après cela, vous objecterez qu'un savetier est bien au-dessus d'un poète, et que l'on se passe mieux de l'un que de l'autre. Sans prétendre rabaisser l'illustre profession de savetier, que j'honore à l'égal de la profession de monarque constitutionnel, j'avouerai humblement que

> j'aimerais mieux avoir mon soulier décousu que mon vers mal rimé, et que je me passerais plus volontiers de bottes que de poèmes (p. 44).

Gautier — dont Jean Starobinski a comparé les prouesses poétiques à celles d'un acrobate — souligne à plusieurs reprises que, dans les pages de ces journaux-là, les choses les plus belles de la vie ne sont pourtant pas considérées comme indispensables, à tel point qu'on finit par y considérer comme plus utile de planter des choux que des tulipes :

> Rien de ce qui est beau n'est indispensable à la vie. On supprimerait les fleurs, le monde n'en souffrirait pas matériellement ; qui voudrait cependant qu'il n'y eût plus de fleurs ? Je renoncerais plutôt aux pommes de terre qu'aux roses, et je crois qu'il n'y a qu'un utilitaire au monde capable d'arracher une plate-bande de tulipes pour y planter des choux (p. 45).

Dans ce contexte où domine le plus sinistre utilitarisme, rien de surprenant dans le fait que l'on considère comme fou qui oserait préférer Michel-Ange « à l'inventeur de la moutarde blanche » (« À quoi bon la musique ? à quoi bon la peinture ? Qui aurait la folie de préférer Mozart à M. Carrel [un journaliste du journal *Le National*], et Michel-Ange à l'inventeur de la moutarde blanche ? » — p. 45). Rien d'étonnant non plus à ce que, dans ces journaux utilitaristes, la publicité pour les livres soit intercalée « entre les ceintures élastiques, les cols en crinoline, les biberons en tétine incorruptible, la pâte de Regnault et les recettes contre le mal de dents » (p. 60).

Mais Gautier est convaincu que, contre cette trivialité diffuse, une réaction morbide ne suffit pas. Il décide donc de s'appuyer sur son style paradoxal pour attaquer à fond l'utilitarisme en faisant l'éloge radical et provoquant de l'inutile :

> Il n'y a de vraiment beau que ce qui ne peut servir à rien ; tout ce qui est utile est laid, car c'est l'expression de quelque besoin, et ceux de l'homme sont ignobles et dégoûtants, comme sa pauvre et infirme nature. — L'endroit le plus utile d'une maison, ce sont les latrines (p. 45).

Il serait vraiment intéressant (et je crois que cela n'a jamais été fait soigneusement) d'analyser certaines pages de Gautier sur l'inutile en parallèle avec celles de Leopardi. Parmi les nombreux points de convergence, il faudrait notamment relever la présence du Vésuve. Dans sa préface, en effet, l'écrivain français s'intéresse lui aussi à l'éruption du volcan et aux cités romaines ensevelies, pour illustrer sa critique du pseudo-progrès contemporain (*Le Genêt* de Leopardi date, lui, de 1836 — même s'il ne sera publié qu'en 1845, de manière posthume) :

> Ah ! vous dites que nous sommes en progrès ! — Si, demain, un volcan ouvrait sa gueule à Montmartre, et faisait à Paris un linceul de cendres et un torrent de lave, comme fit autrefois le Vésuve à Stabia, à Pompéi et à Herculanum, et que, dans quelque mille ans, les antiquaires de ce temps-là fissent des fouilles et exhumassent le cadavre de la ville morte, dites quel monument serait resté debout pour témoigner de la splendeur de la grande enterrée [...] ? (p. 50).

Après plusieurs siècles, les archéologues n'exhumeraient que des objets industriels et des produits manufacturés en série. À quelques exceptions près, les véritables œuvres d'art seraient exclusivement l'héritage des millénaires antérieurs. Voilà pourquoi, selon Gautier, ce sont justement les choses superflues et dépourvues de toute utilité qui se révèlent, en tant qu'expressions du beau, les plus intéressantes et les plus agréables :

> Moi, n'en déplaise à ces messieurs, je suis de ceux pour qui le superflu est nécessaire, — et j'aime mieux les choses et les gens en raison

> inverse des services qu'ils me rendent. Je préfère à certain vase qui me sert un vase chinois, semé de dragons et de mandarins, qui ne me sert pas du tout [...]. Je renoncerais très joyeusement à mes droits de Français et de citoyen pour voir un tableau authentique de Raphaël [...]. Quoique je ne sois pas un dilettante, j'aime mieux le bruit des crincrins et des tambours de basque que celui de la sonnette de M. le président. Je vendrais ma culotte pour avoir une bague, et mon pain pour avoir des confitures. [...] Vous voyez que les principes utilitaires sont bien loin d'être les miens, et que je ne serai jamais rédacteur dans un journal vertueux [...] (p. 45-46).

Deux ans auparavant, Gautier avait déjà exposé des conceptions analogues dans la préface de l'*Albertus*. À qui lui demandait à quoi peut servir un vers, il avait répondu en opposant le beau à l'utile :

> À quoi cela sert-il ? — Cela sert à être beau. — N'est-ce pas assez ? Comme les fleurs, comme les parfums, comme les oiseaux, comme tout ce que l'homme n'a pu détourner et dépraver à son usage. En général, dès qu'une chose devient utile, elle cesse d'être belle (p. II).

Voilà comment les deux préfaces permettent au jeune écrivain, habile manipulateur de la langue, d'exprimer sa pensée critique avec poésie. Dans la préface à *Mademoiselle de Maupin*, en particulier, il se fait romancier et poète, il donne de la couleur aux verbes et aux adjectifs, il façonne des métaphores et des néologismes, et il parle d'art en usant surtout et avec bonheur d'une prose très créative. Mais on se tromperait si l'on réduisait son manifeste à un éloge de la beauté comme fin en soi. Car ce qui transparaît toujours dans sa furieuse réaction contre la valorisation « de l'utile pour l'utile », contre le moralisme et contre une littérature prostituée par le commerce, c'est une noble idée de l'art authentique comme résistance à la trivialité du présent — ainsi que l'affirme la dernière phrase de la préface de l'*Albertus* : « L'art est ce qui console le mieux de vivre » (p. v).

## 16. Baudelaire : un homme utile est hideux

Dans les fragments de *Mon cœur mis à nu*, Baudelaire (qui dédie les *Fleurs du mal* à Théophile Gautier, « parfait magicien ès lettres françaises » — p. 3) note une pensée dans laquelle transparaît d'une manière encore plus forte son refus de l'utilitarisme : « Être un homme utile m'a paru toujours quelque chose de bien hideux » (VI, 9, p. 1274). On retrouve des réflexions analogues dans les ébauches des *Fusées*, qui étaient censées constituer, avec *Mon cœur mis à nu*, le fondement d'un ouvrage appelant un voyage impitoyable dans le mal de vivre.

Le fait que la jeunesse se précipite dans le commerce avec pour seul but de faire de l'argent est, pour le poète, le signe évident d'un « avilissement des cœurs » :

> Alors, le fils fuira la famille, non pas à dix-huit ans, mais à douze, émancipé par sa précocité gloutonne ; il la fuira, non pas pour chercher des aventures héroïques, non pas pour délivrer une beauté prisonnière dans une tour, non pas pour immortaliser un galetas par de sublimes pensées, mais pour fonder un commerce, pour s'enrichir, et pour faire concurrence à son infâme papa (XV, 22, p. 1263-1264).

Et comme tout fera l'objet de critiques et de condamnations « fors l'argent », « ce qui ressemblera à la vertu » sera considéré comme « un immense ridicule ». Mieux : la Justice « fera interdire les citoyens qui ne sauront pas faire fortune ». La corruption contaminera les familles à tel point que les épouses et les filles deviendront des marchandises à échanger :

> Ton épouse, ô Bourgeois ! ta chaste moitié, dont la légitimité fait pour toi la poésie, introduisant désormais dans la légalité une infamie irréprochable, gardienne vigilante et amoureuse de ton coffre-fort, ne sera plus que l'idéal parfait de la femme entretenue. Ta fille, avec une nubilité enfantine, rêvera, dans son berceau, qu'elle se vend un million, et toi-même, ô Bourgeois, — moins poète encore que tu n'es aujourd'hui, — tu n'y trouveras rien à redire ; tu ne regretteras rien (XV, 22, p. 1264).

Dans les ultimes notes de *Mon cœur mis à nu*, Baudelaire marque tout son mépris pour le commerce et pour les formes les plus triviales de l'égoïsme :

> Le commerce est, par son essence, *satanique*.
> — Le commerce, c'est le prêté-rendu, c'est le prêt avec le sous-entendu : *Rends-moi plus que je ne te donne.*
> — L'esprit de tout commerçant est complètement vicié.
> — Le commerce est *naturel*, donc il est *infâme*.
> — Le moins infâme de tous les commerçants, c'est celui qui dit : « Soyons vertueux pour gagner beaucoup plus d'argent que les sots qui sont vicieux. »

> — Pour le commerçant, l'honnêteté elle-même est une spéculation de lucre.
>
> — Le commerce est satanique, parce qu'il est une des formes de l'égoïsme, et la plus basse, et la plus vile (XLI, 74, p. 1297).

Dans ce monde de l'utilité et du profit, difficile pour la poésie et pour l'intimité de trouver leur place : « [...] grâce au progrès de ces temps, il ne te restera de tes entrailles que des viscères ! » (*Fusées*, XV, 22, p. 1264).

## 17. John Locke contre la poésie

Inversement, c'est justement à cause de son inutilité que Locke avait lancé une attaque contre la poésie. Dans les *Quelques pensées sur l'éducation* (1693), ses critiques ne portent pas seulement contre ceux qui imposent à tout prix l'étude des rimes à des élèves indifférents pour en faire de médiocres versificateurs (« En effet si l'enfant n'a pas le génie de la poésie, c'est la chose la plus déraisonnable du monde que de le tourmenter et de lui faire perdre son temps en lui imposant un travail où il ne saurait réussir »), mais aussi et surtout contre les parents qui permettent à leurs enfants doués de cultiver leur talent poétique (« et s'il a quelque talent poétique, je trouve étrange que son père désire ou même supporte qu'il cultive et développe ce talent »). Car la vie parmi les Muses sur le mont Parnasse est faite de privations et ne favorise guère l'accroissement du patrimoine :

> Il me semble que les parents devraient au contraire avoir à cœur d'étouffer et de réprimer cette disposition poétique autant qu'ils le pourront ; et je ne vois pas pourquoi un père désirerait faire de son fils un poète, si du moins il ne veut lui inspirer le dégoût des occupations et des affaires de la vie. Mais ce n'est pas là le plus grand mal ; en effet si le jeune homme devient un rimeur heureux, et s'il réussit à acquérir la réputation de bel esprit, je demande que l'on considère dans quelle société, dans quels lieux, il est probable qu'il ira perdre son temps, et aussi son argent ; car il s'est vu bien rarement qu'on découvrît des mines d'or et d'argent sur le mont Parnasse. L'air y est agréable, mais le sol en est infertile ; et il y a très peu d'exemples de gens qui aient accru leur patrimoine avec ce qu'ils ont pu y moissonner.

L'objectif principal de Locke était en effet de former un *gentleman*, en privilégiant avec pragmatisme les savoirs techniques et scientifiques fondés sur l'utilité. Et l'on comprendra peut-être mieux sa féroce condamnation si l'on tient compte du fanatisme avec lequel, dans l'Angleterre de ce temps-là, une certaine pédagogie rhétoricienne considérait les mots comme plus importants que les choses. Mais, de nos jours, quels effets des propos aussi durs contre la poésie (pour ne pas parler des invectives contre la musique, que j'épargne au lecteur) pourraient-ils avoir sur bien des hommes politiques et sur certains pédagogues-manageurs engagés dans les récentes réformes de l'instruction ? La réponse n'est peut-être pas absolument certaine mais, si j'en juge d'après mon expérience d'enseignant en faculté de lettres et sciences humaines (confronté depuis des décennies à la même question posée par tant de parents victimes de la funeste idéologie dominante de l'utilité : « Mais qu'est-ce que mon fils ou ma fille pourra faire avec un diplôme de littérature ? »), je crois pouvoir supposer que, très probablement, les rudes arguments de Locke seraient loin de les déranger.

## 18. Boccace : « pain » et poésie

La fréquentation des Muses — que Boccace identifie aux femmes en chair et en os — aide à vivre mieux. Dans le *Décaméron*, l'écrivain polémique en effet contre ses détracteurs, obsédés par la recherche de « trésors », qui l'invitent à songer au « pain » plutôt qu'aux « fables des poètes » :

> Mais que rétorquerons-nous à ceux qui ont tellement à cœur mon appétit qu'ils me conseillent de chercher de quoi gagner mon pain ? Je ne sais à vrai dire, ou plutôt, si je réfléchis à ce qui serait leur réponse si je me trouvais dans l'obligation de leur demander comment faire, je pense qu'ils répondraient : « en cultivant les fables ». Car on a vu plus de poètes en récolter avec leurs fables que de riches en glaner au milieu de leurs trésors, et nombreux sont ceux, en effet, qui en courtisant les fables ont fait fleurir leur âge, alors qu'en amassant plus de pain qu'il ne leur faisait besoin, beaucoup d'hommes, en revanche, sont morts prématurément.

« Les fables des poètes », indépendamment de la quantité de « pain » qu'elles permettent de se procurer, sont nécessaires pour comprendre les choses essentielles dont nous avons besoin. Et, surtout, elles nous apprennent à nous défendre contre l'obsession du profit et de l'utilité qui, comme on le constate chez les obsédés de la richesse, sont souvent la cause principale d'une mort prématurée.

## 19. García Lorca : il est imprudent de vivre sans la folie de la poésie

Tant de poètes et de lettrés ont indirectement répondu, au cours des siècles, au philosophe anglais et aux détracteurs de la poésie. Mais ce sont les mots employés par Federico García Lorca pour présenter un recueil de poèmes de Pablo Neruda qui nous émeuvent peut-être le plus :

> Je vous conseille d'écouter avec attention ce grand poète et de chercher à partager ses émotions, chacun à sa manière. La poésie exige une longue initiation, comme n'importe quel sport, mais il y a dans la vraie poésie un parfum, un accent, un trait de lumière que toutes les créatures peuvent percevoir. Plaise à Dieu qu'elle vous permette de nourrir ce petit grain de folie que nous avons tous en nous, que beaucoup d'entre nous étouffent pour porter l'odieux monocle de la pédanterie livresque, et sans lequel il est bien imprudent de vivre.

Ce témoignage passionné, dans lequel un grand poète parle d'un autre grand poète, était surtout destiné aux étudiants présents dans un amphithéâtre de l'université de Madrid en 1934. García Lorca y invitait chaleureusement de jeunes lecteurs à nourrir grâce à la littérature « ce petit grain de folie que nous avons tous en nous » et sans lequel il serait « bien imprudent de vivre ».

## 20. La folie de Don Quichotte, héros de l'inutilité et de la gratuité

C'est justement à la folie que l'on doit les aventures extraordinaires de l'un des personnages les plus marquants de la littérature mondiale. Le mythique Don Quichotte pourrait être considéré comme le héros par excellence de l'inutilité. Nourri de romans de chevalerie, il décide de forcer la réalité corrompue de son époque, où « le vice [triomphe] de la vertu » (II, 1, p. 21) :

> Mais notre siècle dépravé n'est plus cette époque bénie où les chevaliers errants avaient à eux seuls la charge de défendre les royaumes, de protéger les jeunes filles, d'aider les orphelins, de châtier les orgueilleux et de récompenser les humbles (II, 1, p. 20).

Contre l'opinion de ses contemporains, convaincus que « tous les romans de chevalerie sont faux, mensongers, *inutiles*, et nuisibles à l'État » (I, 49, p. 547), au point de mériter d'être impitoyablement jetés au bûcher, le courageux *hidalgo* n'hésite pas à se lancer dans la difficile carrière de chevalier, persuadé que « ce dont notre monde avait le plus besoin, c'était de chevaliers errants, et qu'il fallait donc rétablir l'ordre de la chevalerie » (I, 7, p. 98). Ne tenant compte ni de ses limites physiques (« sec de corps, maigre de visage » — I, 1, p. 55), ni de la fragilité de ses armes et de son armure (« Pour commencer, il nettoya une armure qui avait appartenu à ses aïeux, toute moisie et couverte de rouille, et qui gisait depuis des siècles, oubliée dans un coin » — I, 1, p. 58), ni de la faiblesse de sa pauvre monture (qui « avait plus de tares que d'années et plus de défauts que le cheval de Gonèle, qui *tantum pellis et ossa fuit* » — I, 1, p. 58), notre héros s'aventure « sur des chemins et des sentiers qui ne mènent nulle part » (II, 28, p. 230).

Toutes ses entreprises sont inspirées par la gratuité, par l'unique besoin de servir avec enthousiasme ses idéaux. Et, lors de ses conversations avec Sancho Pança et avec les différents interlocuteurs qu'il rencontre — chez qui l'on peut souvent apercevoir les limites d'une société incapable de concevoir des actes dépourvus de toute finalité utilitaire —, Don Quichotte déclare qu'il méprise la richesse (« [il] méprise l'argent » — II, 32, p. 257) et qu'il ne tient compte que de l'honneur.

Comment, d'ailleurs, imaginer l'amour sans la gratuité ? Ainsi les chevaliers errants doivent-ils protéger la dame qu'ils aiment sans avoir « d'autres pensées que de la servir, simplement parce que c'est elle » et sans attendre « d'autre récompense de leurs sincères et honnêtes désirs que d'être agréés par leur dame » (I, 31, p. 353).

Cervantès fait donc de la contradiction l'un des grands thèmes de son roman : si la satire contre les romans de chevalerie sonne comme une invitation à la lucidité, on trouve également dans le *Don Quichotte* une célébration de l'illusion qui, en suscitant un attachement passionné à des idéaux, parvient à donner un sens à l'existence. Comme l'a finement observé un grand spécialiste de Cervantès, Francisco Rico, notre héros éprouve un amour extraordinaire pour les récits et s'intéresse avidement à la vie des autres. Quoi qu'il en soit, il y a peut-être une leçon à tirer de l'inutilité et de la gratuité des aventures du Chevalier à la triste figure : elles nous montrent la nécessité d'entreprendre courageusement même celles de nos entreprises qui sont vouées à l'échec, parce que, avec le temps, certaines glorieuses défaites peuvent donner naissance à de grandes choses (« car la vérité, si fragile soit-elle, ne casse pas : elle surnage toujours au-dessus du mensonge, comme l'huile sur l'eau » — II, 10, p. 77).

Qui, en effet, aurait pu croire que le geste d'un jeune Chinois désarmé défiant les chars sur la place Tian'anmen à Pékin en 1989 — geste immortalisé par le photographe Jeff Widener — allait faire le tour du monde et serait présenté par la revue *Time*, presque dix ans plus tard en 1998, comme l'une des « entreprises » les plus marquantes du XX^e^ siècle ?

## 21. Les « faits » de Coketown : les critiques de Dickens contre l'utilitarisme

Personne n'a peint aussi bien que Dickens la guerre déclarée à la fantaisie au nom des faits et de l'utilitarisme. Dans l'inoubliable ville de Coketown, si admirablement décrite dans les *Temps difficiles*, chaque chose est soumise à une véritable philosophie de l'utilité. Le gros banquier Bounderby et le pédagogue Gradgrind y mènent avec conviction une efficace bataille quotidienne contre tout ce qui pourrait faire obstacle à la réalité concrète et à la production.

« Dans cette vie nous n'avons besoin que de faits, Monsieur, rien que de faits. » Hostile à un enseignement qui serait ouvert à l'imagination et aux sentiments, Gradgrind est présenté « avec une règle et une balance, et la table de multiplication toujours dans la poche ». Pour lui, l'éducation et la vie se réduisent à une pure « affaire de chiffres », à un « simple calcul arithmétique ». De même les élèves sont-ils considérés comme de « petits pichets assis devant lui et qui allaient si bien être remplis de faits ».

Cette école correspond parfaitement à la ville de Coketown elle-même, cité-usine habitée par des « gens également semblables les uns aux autres, qui tous sortaient et rentraient aux mêmes heures, marchant du même pas sur le même trottoir, pour aller faire le même travail, et pour qui chaque journée était semblable à celle de la veille et à celle du lendemain ». Rien de matériel ou de spirituel ne saurait exister en cet endroit, sinon en étant reconnu comme un « fait » :

> Du fait, du fait, partout du fait dans l'aspect matériel de la ville ; du fait, du fait, du fait partout dans son aspect immatériel. L'école [...] n'était que faits, l'école de dessin industriel n'était que faits et il n'y avait que des faits entre la maternité et le cimetière, et tout ce qui ne pouvait s'évaluer en chiffres ou tout ce qui ne pouvait s'acheter au plus bas et se revendre au plus haut n'existait pas et ne devait jamais exister dans les siècles des siècles, Amen.

## 22. Heidegger : il est difficile de comprendre l'inutile

Heidegger est revenu plusieurs fois sur le thème de l'utile et de l'inutile, notamment dans le cadre d'une réflexion sur l'essence de l'œuvre d'art. Je me contenterai ici de rappeler l'analyse pénétrante qu'il est amené à développer pour expliquer certains passages d'*Être et Temps* dans ses conversations avec le psychiatre suisse-allemand Medard Boss (qui l'a invité à tenir chez lui, à Zollikon près de Zurich, une série de séminaires sur la phénoménologie devant un public de jeunes psychothérapeutes) : à l'occasion de vacances passées ensemble à Taormina du 24 avril au 4 mai 1963, Boss interroge Heidegger sur l'essence de l'être humain et sur la relation que celui-ci instaure avec autrui.

À un moment de la conversation — à propos du *Dasein* « en tant qu'être-au-monde, en tant que se préoccupant [*Besorgen*] des choses et en souci pour [*Sorgen für*] ceux qui sont ensemble avec lui, en tant qu'être-ensemble [*Mitseiende*] avec l'être humain qui vient à sa rencontre » —, Heidegger réfléchit sur l'utilité de l'inutile :

> Ce qui est le plus utile, c'est l'inutile. Mais expérimenter l'inutile reste pour l'homme

> d'aujourd'hui ce qu'il y a de plus difficile. L'utile est compris comme l'utilisable pratique à finalité technique immédiate, comme ce qui produit un effet quelconque avec lequel je peux faire du commerce et de l'industrie. Il faut arriver à voir l'utile au sens du *salutaire* [*Heilsamen*], c'est-à-dire en tant que ce qui amène l'être humain même auprès de soi. En grec θεώρια [*theôria*] est repos à l'état pur, ἐνέργεια [*energeia*] suprême, le mode le plus élevé de se-mettre-à-l'œuvre, abstraction faite de tout savoir-faire [*Machenschaften*] pratique : laisser-venir-en présence [*Anwesenlassen*] le présent lui-même.

Cherchant à détacher la notion d'utilité d'une finalité exclusivement technique et commerciale, le philosophe allemand formule clairement la difficulté pour ses contemporains de comprendre l'importance de l'inutile. Pour l'« homme d'aujourd'hui », en effet, il est de plus en plus compliqué d'éprouver de l'intérêt pour quelque chose qui n'implique aucune utilisation en vue d'une « finalité technique immédiate ».

## 23. L'inutilité et l'essence de la vie : Tchouang-tseu et Okakura Kakuzô

Le problème interpellait déjà le sage Tchouang-tseu au IVe siècle av. J.-C. Dans son ouvrage majeur

— où il est question de la nature, des incessantes métamorphoses et de la manière de vivre —, le philosophe chinois aborde plusieurs fois le thème de l'inutilité. Ainsi, méditant sur le cas d'un arbre centenaire (« cet arbre est vraiment inutilisable et c'est pourquoi il a pu atteindre une telle taille. Ah ! L'homme divin, lui aussi, n'est que bois inutilisable »), il montre que souvent, chez les autres arbres, « leur utilité est la cause de leur malheur ». Et, peu après, dans un très bref échange de répliques avec le sophiste Houei-tseu, il met en évidence les limites d'une humanité qui croit pouvoir savoir ce qui est utile alors qu'elle méconnaît l'importance de l'inutile :

> Houei-tseu dit : « Vos paroles sont inutiles. » Tchouang-tseu répondit : « Il faut savoir ce qui est inutile pour connaître ce qui est utile. »

Et c'est précisément dans la découverte de l'inutile que l'écrivain japonais Okakura Kakuzô situe le déclic qui marque le passage de la *feritas* à l'*humanitas*. Dans son *Livre du thé* (1906), un chapitre enflammé consacré aux fleurs suggère en effet que la poésie amoureuse a peut-être commencé au moment même où est né l'amour des fleurs :

> En offrant la première guirlande de fleurs à sa compagne, l'homme primitif a transcendé la brute. Par ce geste qui l'élevait au-dessus des nécessités grossières de la nature, il est devenu humain. En percevant l'usage subtil de l'inutile, il est entré dans le royaume de l'art.

Ainsi dans ce geste simple l'humanité a-t-elle su saisir l'occasion de devenir plus humaine.

## 24. Eugène Ionesco : l'utile est un poids inutile

C'est en revanche à une humanité désemparée ayant perdu le sens de la vie que Ionesco destine quelques réflexions remarquables (et aujourd'hui plus actuelles que jamais) : dans une conférence tenue en février 1961, en présence d'autres écrivains, le grand dramaturge réaffirme en effet à quel point nous avons besoin de l'irremplaçable inutilité :

> Regardez les gens courir affairés, dans les rues. Ils ne regardent ni à droite, ni à gauche, l'air préoccupé, les yeux fixés à terre, comme des chiens. Ils foncent tout droit, mais toujours sans regarder devant eux, car ils font le trajet, connu à l'avance, machinalement. Dans toutes les grandes villes du monde c'est pareil. L'homme

> moderne, universel, c'est l'homme pressé, il n'a pas le temps, il est prisonnier de la nécessité, il ne comprend pas qu'une chose puisse ne pas être utile ; il ne comprend pas non plus que, dans le fond, c'est l'utile qui peut être un poids inutile, accablant. Si on ne comprend pas l'utilité de l'inutile, l'inutilité de l'utile, on ne comprend pas l'art ; et un pays où on ne comprend pas l'art est un pays d'esclaves ou de robots, un pays de gens malheureux, de gens qui ne rient pas ni ne sourient, un pays sans esprit ; où il n'y a pas l'humour, où il n'y a pas le rire, il y a la colère et la haine.

L'homme moderne, qui n'a plus le temps de s'arrêter sur les choses inutiles, est condamné à se transformer en une machine sans âme. Prisonnier de la nécessité, il n'est plus en mesure de comprendre que l'utile peut finalement devenir « un poids inutile, accablant » et que, si « on ne comprend pas l'utilité de l'inutile, l'inutilité de l'utile, on ne comprend pas l'art » : or l'homme qui ne comprend pas l'art devient un esclave ou un robot, un être en souffrance incapable de rire et de jouir. Et, dans le même temps, il peut devenir aussi une proie facile pour le « fanatisme délirant » (notamment les fanatismes religieux, si l'on considère les dernières décennies) ou bien pour toute autre « rage collective » :

> Car ces gens affairés, anxieux, courant vers un but qui n'est pas un but humain ou qui n'est qu'un mirage, peuvent tout d'un coup, aux sons de je ne sais quels clairons, à l'appel de n'importe quel fou ou démon se laisser gagner par un fanatisme délirant, une rage collective quelconque, une hystérie populaire. Les rhinocérites, à droite, à gauche, les plus diverses, constituent les menaces qui pèsent sur l'humanité qui n'a pas le temps de réfléchir, de reprendre ses esprits ou son esprit.

## 25. Italo Calvino : ce qui est gratuit se révèle essentiel

Analyste pénétrant des rapports entre littérature et science, Italo Calvino occupe à juste titre une place de tout premier plan parmi les défenseurs des savoirs désintéressés. Rien n'est plus essentiel pour le genre humain, nous dit le romancier et essayiste italien, que les « activités qui semblent tout à fait gratuites » et inessentielles :

> Souvent, l'engagement que les hommes mettent dans des activités qui semblent tout à fait gratuites, sans autre but que le divertissement ou la satisfaction de résoudre un problème difficile, se révèle comme essentiel dans un domaine que

> personne n'avait prévu, avec des conséquences qui peuvent aller loin. Cela est vrai pour la poésie et pour l'art, de même que pour la science et pour la technologie.

Et, contre toute perspective utilitariste, Calvino nous rappelle qu'on ne lit pas les classiques parce qu'ils devraient servir à quelque chose : on ne les lit que pour la joie de les lire, pour le plaisir de voyager à travers eux, uniquement animé du désir de connaître et de se connaître.

## 26. Émile Cioran et la flûte de Socrate

Tel est le sens d'un passage d'*Écartèlement* de Cioran (qui consacrera par la suite un paragraphe de son *Précis de décomposition* à « l'obsession insipide d'être utiles »). Tandis qu'on lui prépare la ciguë, Socrate s'exerce à la flûte pour apprendre un air et, quand on lui demande : « À quoi cela te servira-t-il ? », le philosophe impassible répond : « À connaître cet air avant de mourir. » Et dans le commentaire de cet aphorisme, l'écrivain roumain essaie d'expliquer l'essence même de la connaissance :

> Si j'ose rappeler cette réponse trivialisée par les manuels, c'est parce qu'elle me paraît l'unique justification sérieuse de toute volonté de connaître, qu'elle s'exerce au seuil même de la mort ou à n'importe quel autre moment.

Pour Cioran, toute forme d'élévation présuppose l'inutile : « Une exception inutile, un modèle dont personne n'a cure — tel est le rang auquel on doit aspirer si on veut se rehausser à ses propres yeux. »

Mais, même si l'on a bien compris qu'aucune création littéraire ou artistique n'est liée à une finalité définie, on ne peut justement contester que, dans l'hiver de la conscience qui glace aujourd'hui nos vies, c'est précisément à ces savoirs humanistes et à la recherche scientifique libérée de tout utilitarisme, à tous ces luxes jugés inutiles, qu'il revient toujours davantage d'alimenter l'espérance, de transformer leur inutilité en un instrument éminemment utile d'opposition à la barbarie du présent, en un immense grenier où puisse être préservée la mémoire d'événements injustement condamnés à l'oubli.

# DEUXIÈME PARTIE

# L'UNIVERSITÉ-ENTREPRISE ET LES ÉTUDIANTS-CLIENTS

*Je n'ai pas de talents particuliers.*
*Je suis juste passionnément curieux.*
Albert Einstein, *Lettre à Carl Seelig*

## 1. Le désengagement de l'État

Avant de passer à la lecture de certaines pages des grands classiques de la littérature, je voudrais m'arrêter brièvement sur les effets catastrophiques de la logique du profit sur le monde de l'enseignement. Dans son livre intitulé *Les Émotions démocratiques. Comment former les citoyens du XXI^e^ siècle ?* (titre original : *Not for Profit*), Martha Nussbaum nous a récemment brossé un tableau éloquent de cette progressive dégradation. Au cours de la dernière décennie et dans une grande partie des pays européens — à quelques exceptions près, comme l'Allemagne —, les réformes et la réduction continuelle des ressources financières ont durement frappé l'école et l'université — notamment en Italie. D'une manière progressive mais très préoccupante, l'État s'est mis à se désengager économiquement du monde de l'éducation et de la recherche fondamentale. Et, parallèlement à ce processus, on a pu assister à une « lycéification » des universités : véritable révolution copernicienne qui, au cours des prochaines années, ne manquera pas de modifier radicalement le rôle des professeurs et la qualité de l'enseignement.

Presque tous les pays européens semblent s'orienter vers un abaissement de leurs niveaux d'exigence pour permettre aux étudiants de réussir plus facilement leurs examens, dans l'espoir (illusoire) de résoudre le problème de ceux qui sont hors délais. Pour diplômer les étudiants dans les temps fixés par la loi et pour rendre leur apprentissage plus « agréable », on a renoncé à leur demander des sacrifices supplémentaires, et l'on a, au contraire, emprunté la voie perverse d'une réduction progressive des programmes et d'une transformation des leçons en un jeu interactif superficiel, avec projection de transparents ou remplissage de questionnaires à choix multiples.

Mais il y a plus grave encore. En Italie, où le problème des étudiants hors délais prend des proportions préoccupantes, les universités qui parviennent à diplômer leurs étudiants sans dépasser le nombre d'années prévu par la loi se voient récompensées par des financements *ad hoc*. Celles qui, en revanche, ne respectent pas les protocoles ministériels s'exposent à des sanctions. Donc, si mille étudiants s'inscrivent au début de l'année universitaire 2012, il devient impératif que mille étudiants obtiennent leur licence au bout de leurs trois ans d'études. Cette ambition serait noble et légitime si, outre la *quantitas*, les législateurs se souciaient aussi de la *qualitas* : mais, comme on a renoncé à évaluer les compétences réelles avec lesquelles les nouveaux diplômés achèvent leur cycle d'études, tout le système devient un stratagème pour encourager les universités — toujours plus occupées, par manque d'argent, à rechercher sans états d'âme de nouvelles subventions — à faire l'impossible pour fabriquer des diplômés à la chaîne.

## 2. Les étudiants-clients

Comme l'a souligné Simon Leys dans une leçon sur la décadence du monde universitaire, les étudiants de certaines facultés canadiennes sont désormais considérés comme des « clients ». Et l'on aboutit au même constat quand on lit la fine enquête qui a été menée sur le fonctionnement de l'une des plus importantes universités privées au monde : Harvard. En effet, comme Emmanuel Jaffelin l'indique dans *Le Monde* daté du 28 mai 2012, les relations entre les professeurs et les étudiants de cette université semblent être essentiellement fondées sur une sorte de « clientélisme » : « En payant très cher son inscription à Harvard, l'étudiant n'attend pas seulement de son professeur qu'il soit savant, compétent et performant : il attend qu'il soit soumis, puisque le client est roi. » Autrement dit, les dettes contractées par les étudiants américains pour financer leurs études — pour un montant total de mille milliards de dollars environ — les contraignent à être « moins en quête de savoir que de revenus ».

Ce que les inscriptions rapportent aux caisses universitaires constitue en effet un poste important dans les budgets établis par les recteurs et les conseils d'administration. Et cela commence à compter aussi beaucoup dans les universités publiques, où l'on cherche à attirer les étudiants par tous les moyens, au point de lancer de véritables campagnes publicitaires comme pour les automobiles ou les produits alimentaires. Les universités se mettent, hélas, à vendre les diplômes, en insistant notamment sur leur caractère professionnalisant, c'est-à-dire en proposant aux jeunes des cours et des spécialisations avec la promesse d'obtenir immédiatement un emploi et un revenu alléchant.

## 3. Les universités-entreprises et les professeurs-bureaucrates

Lycées et universités, en somme, se sont transformés en entreprises. Il n'y aurait d'ailleurs rien à redire contre cette logique commerciale, si elle n'avait pour but que de supprimer les gaspillages et remettre en question la gestion parfois fantaisiste des budgets publics. Mais il semble que, dans la nouvelle conception des choses, la mission des proviseurs et des recteurs consiste surtout à produire des diplômés aptes à s'insérer dans le marché du travail. Dépouillés des habits traditionnels de l'enseignant et forcés de revêtir ceux du manageur, proviseurs et recteurs sont contraints d'apurer les comptes pour tenter de rendre compétitives les entreprises qu'ils dirigent.

Quant aux professeurs, ils se transforment de plus en plus en modestes bureaucrates au service de la gestion de ces exploitations commerciales universitaires. Ils passent leurs journées à remplir des dossiers, à faire des calculs, à produire des rapports pour des statistiques (parfois inutiles), à tenter d'apurer les comptes de budgets toujours plus maigres, à répondre à des questionnaires, à préparer des projets pour obtenir des subsides misérables et à interpréter des circulaires ministérielles confuses et contradictoires. L'année universitaire s'écoule rapidement, au rythme d'un inlassable métronome bureaucratique qui règle le déroulement de toutes sortes de conseils (conseil d'administration, conseil de la faculté, conseil de doctorat, conseil du département) et celui des interminables réunions générales.

Il semble donc que plus personne ne se soucie comme il se doit de la qualité de la recherche et de l'enseignement. Le fait même d'étudier (on oublie souvent qu'un bon professeur est avant tout un infatigable « étudiant ») et de préparer les cours devient un luxe qu'il faut négocier chaque jour avec la hiérarchie de l'université. On ne se rend plus compte que séparer complètement la recherche de l'enseignement, ce serait réduire finalement les cours à une répétition superficielle et livresque du déjà connu.

Les écoles et les universités ne peuvent pas être gérées comme des exploitations commerciales. Contrairement à ce que prétendent nous enseigner les lois dominantes du marché, l'essence de la culture consiste dans la « gratuité » : ainsi que nous le rappellent la grande tradition des universités européennes ou de vénérables institutions comme le Collège de France (fondé par François Ier en 1530) — tradition dont Marc Fumaroli a récemment souligné l'importance lors d'une conférence passionnante à l'Istituto Italiano per gli Studi Filosofici de Naples —, les études sont avant tout l'acquisition de connaissances qui, détachées de toute obligation utilitaire, nous font grandir et nous rendent plus autonomes. Et ce sont justement l'expérience de l'apparemment inutile et l'acquisition d'un bien non immédiatement quantifiable qui se révéleront « profitables » sur la *longue durée*.

Il serait certes absurde de contester l'importance de la préparation professionnelle parmi les objectifs des écoles et des universités. Mais la tâche de l'enseignement peut-elle vraiment se réduire à la formation de médecins, d'ingénieurs et d'avocats ? Favoriser exclusivement la professionnalisation des étudiants, ce serait perdre de vue la dimension universaliste de la fonction éducative de l'instruction : aucun métier ne saurait être exercé en toute conscience, si les compétences techniques qu'il requiert ne sont pas subordonnées à une formation culturelle plus vaste, seule susceptible d'encourager les étudiants à cultiver librement leur esprit et à laisser libre cours à leur *curiositas*. Réduire l'être humain à sa profession constituerait donc une très grave erreur : il y a chez tout homme quelque chose d'essentiel qui va bien au-delà de son « métier ». Sans cette dimension pédagogique absolument éloignée de toute forme d'utilitarisme, il serait bien difficile, à l'avenir, de pouvoir encore imaginer des citoyens responsables, capables de dépasser leur égoïsme pour embrasser le bien commun, se montrer solidaires, pratiquer la tolérance, revendiquer leur liberté, protéger la nature, défendre la justice…

Une page passionnante de *Mes pensées* de Montesquieu nous propose justement une échelle des valeurs qui montre combien il estime nécessaire de nous appeler à dépasser toute considération bornée pour nous élever toujours plus vers les espaces infinis de l'universel :

> Si je savais quelque chose qui me fût utile et qui fût préjudiciable à ma famille, je le rejetterais de mon esprit. Si je savais quelque chose qui fût utile à ma famille et qui ne le fût pas à ma patrie, je chercherais à l'oublier. Si je savais quelque chose utile à ma patrie et qui fût préjudiciable à l'Europe et au genre humain, je le regarderais comme un crime.

## 4. Hugo : on ne combat pas la crise en taillant dans le budget de la culture, mais en le doublant

Il faudrait imposer aux membres des gouvernements européens la lecture d'un discours passionné de Victor Hugo à l'Assemblée constituante.

Prononcé le 10 novembre 1848, il semble pourtant l'avoir été hier. Nombre de ses objections, en effet, restent encore aujourd'hui d'une brûlante actualité : contre des ministres qui proposent de tailler dans le financement de la culture, le célèbre écrivain montre d'une manière très convaincante qu'il s'agit d'une décision à la fois dangereuse et totalement inefficace :

> Je dis, Messieurs, que les réductions proposées sur le budget spécial des sciences, des lettres et des arts sont mauvaises doublement : elles sont insignifiantes au point de vue financier, et nuisibles à tous les autres points de vue.
>
> Insignifiantes au point de vue financier. Cela est d'une telle évidence, que c'est à peine si j'ose mettre sous les yeux de l'Assemblée le résultat d'un calcul de proportion que j'ai fait. Je ne voudrais pas éveiller le rire de l'Assemblée dans une question sérieuse [...]. Que penseriez-vous, Messieurs, d'un particulier qui aurait 1.500 fr. de revenus, qui consacrerait tous les ans à sa culture intellectuelle [...] une somme bien modeste, 5 francs, et qui, dans un jour de réforme, voudrait économiser sur son intelligence six sous ? (p. 144).

Cette économie ridicule pour l'État se révèle pourtant mortelle pour la vie des bibliothèques, des musées, des archives nationales, des conservatoires et de tant d'autres importantes institutions, parmi lesquelles Hugo cite le Collège de France, l'École des chartes et bien d'autres centres culturels dont la France aurait plutôt dû être fière. D'un seul trait de plume, ces coupes budgétaires finiraient par humilier la nation tout entière et, dans le même temps, les familles pauvres des artistes et des poètes (« Un artiste, un poète, un écrivain célèbre travaille toute sa vie, il travaille sans songer à s'enrichir, il meurt, il laisse à son pays beaucoup de gloire, à la seule condition de donner à sa veuve et à ses enfants un peu de pain » — p. 145).

Mais l'erreur la plus grave, c'est que cette rigueur dans les dépenses survient au mauvais moment, c'est-à-dire à un moment où le pays aurait besoin, au contraire, d'un renforcement des activités culturelles et de l'instruction publique :

> Et quel moment choisit-on (c'est ici, à mon sens, la faute politique grave que je vous signalais en commençant), quel moment choisit-on pour mettre en question toutes ces institutions à la fois ? Le moment où elles sont plus nécessaires que jamais, le moment où, loin de les restreindre, il faudrait les étendre et les élargir (p. 145-146).

C'est précisément quand une nation subit une crise qu'il est nécessaire de multiplier par deux les fonds destinés aux savoirs et à l'éducation des jeunes, afin d'éviter que la société ne sombre dans l'abîme de l'ignorance :

> [...] quel est le grand péril de la situation actuelle ? L'ignorance ; l'ignorance plus encore que la misère... [...] Et c'est dans un pareil moment, devant un pareil danger qu'on songerait à attaquer, à mutiler, à ébranler toutes ces institutions qui ont pour but spécial de poursuivre, de combattre, de détruire l'ignorance ! (p. 146).

Pour Hugo, il ne suffit pas de « pourvoi[r] à l'éclairage des villes », car « la nuit peut se faire aussi dans le monde moral ». Si l'on ne songe qu'à la vie matérielle, qui donc veillera à allumer les « flambeaux pour les esprits » ?

> Mais si je veux ardemment, passionnément le pain de l'ouvrier, le pain du travailleur, qui est mon frère, à côté du pain de la vie, je veux le pain de la pensée, qui est aussi le pain de la vie ; je veux multiplier le pain de l'esprit comme le pain du corps (p. 146).

C'est donc à l'instruction publique que revient la tâche si délicate d'arracher l'homme à la misère de l'utilitarisme et de l'éduquer à l'amour du désintéressement et de la beauté (« il faut relever l'esprit de l'homme, le tourner vers Dieu, vers la conscience, vers le beau, vers le juste et le vrai, vers le désintéressé et le grand » — p. 147) : un objectif qui, pour être atteint, exige des choix opposés à ceux des « précédents gouvernements » et de l'actuel « comité des finances » :

> [...] il faudrait multiplier les écoles, les chaires, les bibliothèques, les musées, les théâtres, les librairies ; il faudrait multiplier les maisons d'études, pour les enfants, les maisons de lecture pour les hommes ; tous les établissements, tous les asiles où l'on médite, où l'on s'instruit, où l'on se recueille, où l'on apprend quelque chose, où l'on devient meilleur, en un mot ; il faudrait faire pénétrer de toutes parts la lumière dans l'esprit du peuple, car c'est par les ténèbres qu'on le perd (p. 147).

Ainsi Hugo fustige-t-il une classe politique obtuse et myope qui, en croyant faire des économies, programme la décadence culturelle du pays en tuant toute forme d'excellence :

> Vous êtes tombés dans une méprise regrettable, vous avez cru faire une économie d'argent, c'est une économie de gloire que vous faites (p. 148).

## 5. Tocqueville : les « beautés faciles » et les dangers qui menacent les démocraties marchandes

Dans son fameux *De la démocratie en Amérique* (1835-1840), Tocqueville a consacré quelques pages remarquables aux dangers qui guettent les démocraties marchandes telles que les États-Unis. Dans ce lucide et brillant compte rendu de la vie sociale et politique américaine, le jeune magistrat français repère avec beaucoup de perspicacité les périls qui menacent cette société entièrement vouée au gain et au profit :

> On rencontre chez une foule d'hommes un goût égoïste, mercantile et industriel pour les découvertes de l'esprit qu'il ne faut pas confondre avec la passion désintéressée qui s'allume dans le cœur d'un petit nombre ; il y a un désir d'utiliser les connaissances et un pur désir de connaître (t. II, 1re partie, chap. X, p. 56).

Ce sont précisément « l'absence du superflu » et « les constants efforts auxquels chacun se livre » pour assurer son bien-être qui « font prédominer dans le cœur de l'homme le goût de l'utile sur l'amour du beau » (t. II, 1re partie, chap. XI, p. 61). Dans cette société utilitariste, les hommes finissent par n'aimer que les « beautés faciles » qui ne demandent pas d'efforts et ne font pas perdre trop de temps (« Ils aiment les livres qu'on se procure sans peine, qui se lisent vite, qui n'exigent point de recherches savantes pour être compris » — t. II, 1re partie, chap. XIII, p. 73) :

> Pour des esprits ainsi disposés, toute méthode nouvelle qui mène par un chemin plus court à la richesse, toute machine qui abrège le travail, tout instrument qui diminue les frais de la production, toute découverte qui facilite les plaisirs et les augmente, semble le plus magnifique effort de l'intelligence humaine. C'est principalement par ce côté que les peuples démocratiques s'attachent aux sciences, les comprennent et les honorent (t. II, 1re partie, chap. X, p. 57).

Selon Tocqueville, il semble inévitable que dans « une société organisée de cette manière, l'esprit humain soit insensiblement conduit à négliger la théorie » (t. II, 1re partie, chap. X, p. 58). Aux États-Unis, en effet, « il n'y a presque personne qui se livre à la portion essentiellement théorique et abstraite des connaissances humaines », montrant « en ceci l'excès d'une tendance qui se retrouvera, je pense, quoique à un degré moindre, chez tous les peuples démocratiques » (t. II, 1re partie, chap. X, p. 54). Or l'essor de l'utilité et l'avilissement des activités de l'esprit pourraient faire basculer les hommes dans la barbarie : « [...] s'il y a des peuples qui se laissent arracher des mains la lumière, il y en a d'autres qui l'étouffent eux-mêmes sous leurs pieds » (t. II, 1re partie, chap. X, p. 60). Voilà pourquoi « se nourrir des œuvres de l'Antiquité » est « une hygiène salutaire » (t. II, 1re partie, chap. XV, p. 81). Tocqueville ne pense pas, naturellement, que les classiques et l'art soient l'unique antidote contre la désertification du monde de l'esprit. Mais il est convaincu que les savoirs inutiles et désintéressés peuvent « servir à contrebalancer nos défauts particuliers », parce qu'ils « nous soutiennent par le bord où nous penchons » (t. II, 1re partie, chap. XV, p. 81).

### 6. Herzen : les marchands pressés

Malgré son antipathie pour Tocqueville, le grand écrivain russe Herzen voit également dans les marchands de son époque une classe entièrement vouée au commerce (« ce qui compte avant tout, c'est la marchandise, l'affaire, l'objet ; ce qui est primordial, c'est *la propriété* » — p. 404).

Dans *Passé et méditations*, il décrit en effet avec une remarquable efficacité l'évangile qui inspire leurs comportements :

> Enrichis-toi, multiplie tes revenus comme le sable de la mer, profite et abuse de ton capital financier et moral sans te ruiner ; ainsi parviendras-tu, dans la plénitude et l'honneur, à un âge avancé, tu marieras tes enfants et laisseras après toi un excellent souvenir (p. 408).

Qui n'aspire qu'à « vendre en vantant sa marchandise » et à « acheter à moitié prix », finit par « faire passer la camelote pour un objet de valeur » et par ne cultiver que les apparences (en choisissant de « *paraître* au lieu d'*être* » — p. 407). Dans un contexte social où l'on est plus attentif à l'« apparence » qu'à la « dignité intérieure », il n'y a rien d'étonnant à ce que « l'ignorance la plus crasse ait pris un air de culture ». Et « comme dans une société bourgeoise rien n'est *essentiel* qui se trouve hors des combinaisons commerciales et de "l'exploitation" d'une situation sociale, l'instruction est obligatoirement limitée » (p. 407). Là où la vie ne se présente plus que comme « une lutte permanente pour l'argent », « l'homme, *de facto*, appartient désormais à ce qu'il possède » (p. 406) :

> La vie n'est plus qu'une spéculation boursière, tout s'est transformé en boutiques de changeurs et en marchés : la rédaction des journaux, les bureaux de vote, les assemblées législatives (p. 406).

## 7. Bataille : la limite de l'utile et le caractère vital du superflu

Une analyse impitoyablement anti-utilitariste de l'économie court tout au long des pages de *La Limite de l'utile* de Georges Bataille. L'auteur n'aura finalement jamais mené à terme les différentes ébauches de cet essai qu'il a rédigées entre 1939 et 1945, mais les chapitres qui nous sont parvenus contiennent des fragments de réflexion où l'on voit s'affronter deux conceptions du monde opposées : l'une, fondée sur l'obsession de l'utilité, l'autre, centrée sur le don sans la moindre perspective d'un profit. Cette opposition radicale se traduit par deux manières antinomiques d'aborder l'existence : d'un côté il s'agit de sacrifier la vie au sein d'une économie étriquée (dans laquelle ne compte que ce qui peut servir à la production et à la croissance), de l'autre il s'agit de mener une vie à la mesure de l'infinité d'un univers marqué par une luxueuse dépense d'énergie (et dans lequel, au-delà de toute limite, c'est précisément ce que l'on considère comme *improductif* qui devient nécessaire).

Dans la lettre où Bataille explique à Jérôme Lindon le projet éditorial de sa nouvelle collection, les termes du conflit sont posés avec une extrême clarté :

> Selon moi, la loi générale de la vie exige que dans des conditions nouvelles un organisme produise une somme d'énergie plus grande que celle dont il a besoin pour subsister. Il en résulte de deux choses l'une : le surcroît d'énergie peut être employé à la croissance ou à la reproduction, il est sinon finalement gaspillé. Dans le domaine de l'activité humaine, ce dilemme prend cette forme : ou l'on emploie la plus grande partie des ressources (c'est-à-dire du travail) à fabriquer de nouveaux moyens de production — et l'on a l'économie capitaliste (l'accumulation, la croissance des richesses) — ou l'on gaspille l'excédent sans chercher à augmenter le potentiel de production — et l'on a l'économie de la fête (p. 377-378).

Ces deux usages différents du superflu produisent à leur tour, inévitablement, deux manières antithétiques d'appréhender la notion d'*humanité* et la notion de *temps* :

> Dans le premier cas, la valeur humaine est fonction de la productivité, elle se lie dans le second aux plus belles réussites de l'art, à la poésie, au plein épanouissement de la vie humaine. Dans le premier cas, l'on ne s'occupe que du temps à venir, auquel on subordonne le temps présent, dans le second seul compte l'instant présent, la vie est libérée, au moins de temps à autre, et le plus possible, des considérations serviles qui dominent un monde consacré à la croissance de la production (p. 378).

Conscient que « les deux sortes de systèmes de valeurs ne peuvent exister à l'état pur » parce qu'« il y a toujours un minimum de compromis » (p. 378), Bataille cherche cependant à proposer quelques exemples de cas historiques concrets où le *gaspillage* et le *superflu* ont joué un rôle important dans le passage au-delà de la limite de l'*utile*. Dans la civilisation aztèque ou dans le *potlatch* pratiqué par certaines tribus nord-américaines, il est possible de retrouver une culture du don (témoignage d'une économie de la dilapidation et de la dépense) sur laquelle, dans *La Limite de l'utile*, Bataille fonde sa conception des *conduites glorieuses* :

> Ce que j'ai dit des « conduites glorieuses » des marchands mexicains conduit à la contestation

> des principes utilitaires sur lesquels repose cette civilisation inhumaine. M'appuyant sur l'analyse de faits jusqu'ici mal connus, je donnerai de l'histoire économique un aperçu nouveau. Il me sera facile de montrer les « conduites utiles » *en elles-mêmes* sans valeur : seules nos « conduites glorieuses » déterminent la vie *humaine* et lui donnent un prix (p. 200).

Certes des critiques ont été émises contre cette interprétation anthropologique des « conduites glorieuses » — parmi lesquelles le philosophe français rangeait également les guerres et les rites sacrificiels (« Je veux montrer qu'il existe une équivalence de la *guerre*, du *sacrifice rituel* et de la *vie mystique* : c'est le même jeu d'"extases" et de "terreurs" où l'homme se joint aux jeux du ciel » — p. 251) —, mais on ne peut nier l'intérêt de l'effort fourni par Bataille pour repérer dans le « don de soi » (p. 236) gratuit une approche anti-utilitariste de la vie. Dans un contexte capitaliste, où règne une « indifférence dernière » pour l'« intérêt public » (p. 221), la « loi de la dépense », au contraire, ne prend en considération que « des mouvements de vie que rien d'*objectif* ne mesure » (p. 240). Mais la glorieuse logique du *superflu* a entamé son déclin lorsque « le capitalisme a demandé la renonciation de l'homme au gaspillage des fêtes » et à d'« autres dépenses similaires », pour empêcher la volatilisation d'énergies qui étaient, en revanche, très utiles pour « développer la production » (p. 223). En perdant ce *surplus*, l'humanité a perdu les valeurs d'une civilisation dans laquelle la gratuité et le don contribuaient à donner une signification plus humaine à la vie.

Et, pendant qu'il détruit à coups de marteau la funeste idéologie de l'utilité, Bataille fait notamment une observation qui pourrait aujourd'hui sembler prophétique : « Les gouvernants qui n'ont de sens que pour l'utilité périclitent » (p. 238).

## 8. Contre l'université professionnalisante : John Henry Newman

Les essais sur l'université de John Henry Newman se veulent une défense ardente de la valeur universelle de l'éducation : *L'Idée d'université* conteste en effet de manière radicale le lien — que certains voudraient prioritaire — entre formation universitaire et utilité :

> [D'éminents personnages] soutiennent que l'instruction doit se borner à la poursuite de fins particulières et restreintes, qu'elle doit aboutir à la production d'un quelconque résultat précis, qui se puisse peser et mesurer. On raisonne

> comme si tout ce qui existe, personne ou chose, avait son prix ; d'où il suit qu'on se croit en droit d'exiger des compensations en nature, là où il y a des déboursés considérables. C'est cela qu'on appelle rendre l'éducation ou l'instruction « utiles ». L'utilité, pour les gens dont je parle, est devenue le mot de passe. Appuyés sur un principe de cette nature, ils n'hésitent pas, cela va de soi, à demander : « En regard des frais d'entretien, quel est le rendement d'une université ? Quelle est la valeur marchande réelle de l'article étiqueté éducation "libérale" ? » (VII, § 1, p. 296).

Pour Newman, il est tout simplement faux de prétendre que « rien ne vaut d'être recherché sinon l'utile ; ou que la vie n'est pas assez longue pour qu'on la dépense à la poursuite de bagatelles attrayantes, curieuses ou brillantes » (VII, § 4, p. 309). Et il est tout aussi faux d'en conclure qu'« aucune éducation n'est utile, si elle ne prépare immédiatement à exercer une occupation profane, ou une technique, ou encore à découvrir quelque secret de l'univers matériel » (VII, § 6, p. 316).

S'opposant à toute approche commerciale de l'éducation, Newman affirme donc l'importance du savoir en lui-même : mais cela n'exclut nullement qu'une formation non professionnalisante et l'acquisition désintéressée des connaissances puissent avoir ultérieurement une *utilité*, c'est-à-dire procurer à l'individu une série d'avantages au terme de son parcours universitaire :

> J'affirme donc que le savoir n'est pas uniquement un moyen en vue d'autre chose. Il n'est pas le préliminaire de certaines techniques, qui lui serviraient comme d'aboutissants naturels. Il est une fin dans laquelle on se repose et qu'on poursuit pour elle-même. Et quand je dis cela, je ne joue sûrement pas du paradoxe. J'énonce plutôt une vérité intelligible par elle-même [...]. Que des avantages nous viennent à nous-mêmes et rejaillissent sur autrui du fait de la possession de ce savoir — avantages qui s'ajoutent à celui qu'il représente déjà par lui-même —, je suis bien loin de le nier (V, § 2, p. 217-218).

Autrement dit, même s'il ne sert pas à atteindre un but précis, le savoir en lui-même cultive à ce point l'esprit de qui l'acquiert qu'il finit de toute façon par se révéler bénéfique d'une manière ou d'une autre :

> Un bien grand fait un grand bien. Puis donc que l'intelligence elle-même, et sa culture, sont choses si excellentes, l'éducation libérale *ne s'avère pas* seulement excellente, admirable et honorable en elle-même, elle s'avère également,

> au sens le plus vrai et le plus relevé du terme, utile à celui qui l'a et à ceux qui vivent dans son entourage. Et non pas utile d'une manière grossière, fonctionnelle, mercantile, mais comme ce qui rayonne de bonté, comme tout ce qui est bienfait, don, pouvoir, trésor, à la fois pour qui le possède et pour le monde entier à travers lui (VII, § 5, p. 312).

Ainsi, selon Newman — et indépendamment des questions théologiques et des tensions religieuses qui transparaissent dans ses écrits —, « la culture de l'intelligence » passe avant « la réussite dans une carrière professionnelle ou scientifique », tant il est convaincu que « l'homme instruit peut ce que l'illettré ne peut pas » (VII, § 6, p. 313-314).

## 9. À quoi servent les langues du passé ? John Locke et Antonio Gramsci

Combien de lecteurs seront-ils encore intéressés par les pages passionnées de Newman ? Probablement un petit nombre, si l'on songe que la logique utilitariste frappe également sans pitié les disciplines étudiées dans les *curricula* des lycées et des universités. Pourquoi enseigner les langues classiques dans un monde où on ne les parle plus et où, surtout, elles n'aident en rien à trouver un emploi ?

Parmi les pauvres arguments des nouveaux manageurs de l'instruction, on voit de nouveau figurer en bonne place les réflexions de Locke — alors même que celui-ci considérait malgré tout le latin comme un bagage nécessaire à la formation des *gentlemen* :

> Peut-il y avoir rien de plus ridicule que de voir un père dépenser son argent et le temps de son fils, pour lui faire apprendre la langue des Romains, alors qu'il le destine au commerce, à une profession où, ne faisant aucun usage du latin, il ne peut manquer d'oublier le peu qu'il en a appris au collège et que neuf fois sur dix il a pris en dégoût, à cause des mauvais traitements que cette étude lui a valus ?

Étant donné l'actuelle manière de raisonner, dictée par l'utilitarisme le plus extrême, Antonio Gramsci ferait sourire aujourd'hui avec l'ardente invitation à étudier le latin et le grec qu'il a lancée en 1932 dans une page vibrante de ses *Cahiers de prison* :

> Dans la vieille école, l'étude grammaticale de la langue latine et de la langue grecque, unie à l'étude de leur littérature et de leur

> histoire politique respectives, était un principe éducatif dans la mesure où l'idéal humaniste, qui s'incarne dans Athènes et dans Rome, était répandu dans toute la société, était un élément essentiel de la vie et de la culture nationales [...]. Les notions particulières n'étaient pas apprises dans un but pratico-professionnel immédiat : le but apparaissait désintéressé, parce que l'intérêt résidait dans le développement intérieur de la personnalité [...]. On n'apprenait pas le latin et le grec pour les parler, ou pour devenir domestique ou correspondant commercial. On les apprenait pour connaître directement la civilisation des deux peuples, qui constitue le présupposé nécessaire de la civilisation moderne, on les apprenait autrement dit pour être soi-même et pour se connaître soi-même consciemment.

Mais, malgré de nombreuses protestations et plusieurs ouvrages consacrés à la défense des langues classiques, en France et en Italie, par une minorité éclairée de professeurs-résistants et d'intellectuels-militants, nul ne semble plus être en mesure d'enrayer le déclin. Tout est fait pour décourager les étudiants de suivre des parcours qui ne déboucheront pas sur des récompenses tangibles et sur des gains immédiats. Peu à peu, la croissante désaffection pour le latin et pour le grec finira par effacer définitivement une culture qui pourtant nous habite et qui nourrit indiscutablement notre savoir.

Julien Gracq se montrait perspicace quand, dans *Le Monde* daté du 5 février 2000, il dénonçait le triomphe, dans l'enseignement, d'une communication toujours plus triviale et fondée sur la montée en puissance de l'anglais aux dépens des langues considérées comme inutiles, telles que le latin :

> Outre leur langue maternelle, les collégiens apprenaient jadis une seule langue, le latin ; moins une langue morte que le *stimulus* artistique incomparable d'une langue entièrement filtrée par une littérature. Ils apprennent aujourd'hui l'anglais, et ils l'apprennent comme un espéranto qui a réussi, c'est-à-dire comme le chemin le plus court et le plus commode de la communication triviale : comme un ouvre-boîte, un passe-partout universel. Grand écart qui ne peut pas être sans conséquence : il fait penser à la porte inventée autrefois par Duchamp, qui n'ouvrait une pièce qu'en fermant l'autre.

Et si, naturellement, la conséquence de ces tendances est que peu d'étudiants s'inscrivent aux cours de latin et de grec, la solution pour résoudre le problème du coût des professeurs semble très simple : supprimer leur enseignement. Même chose pour le sanscrit ou pour toute autre langue ancienne.

Dans certaines facultés, il est même devenu risqué de s'orienter vers les études de philologie ou de paléographie. Cela signifie que, dans les quelques décennies à venir, quand on verra partir à la retraite les derniers philologues, les derniers paléographes et les derniers spécialistes des langues du passé, il faudra fermer les bibliothèques et les musées, et même renoncer aux fouilles archéologiques et à la reconstitution des textes et des documents. Et tout cela entraînera certainement des conséquences désastreuses pour le devenir de la démocratie (comme l'a récemment montré Yves Bonnefoy dans sa défense passionnée du latin et de la poésie) et de la liberté (comme l'a souligné Giorgio Pasquali, qui voyait dans la récupération philologique de l'authenticité des textes un acte fondé sur le soutien mutuel de la vérité et de la liberté).

Au train où vont les choses, ces coups d'éponge successifs finiront par effacer les contenus de notre mémoire, jusqu'à une complète amnésie. Alors la déesse Mnémosyne, mère des arts et des savoirs dans la mythologie gréco-romaine, sera contrainte de quitter la Terre pour toujours. Et avec elle, malheureusement, disparaîtra chez les hommes tout désir d'interroger le passé pour comprendre le présent et imaginer le futur. Nous aurons une humanité privée de mémoire qui perdra complètement le sens de sa propre identité et de sa propre histoire.

## 10. La disparition programmée des classiques

Dans un tel contexte, les classiques de la philosophie et de la littérature occupent une place toujours plus marginale dans les écoles et les universités. Les élèves et les étudiants passent de longues années dans leurs salles de cours au lycée ou à l'université sans jamais lire en entier les grands textes fondateurs de la culture occidentale. Ils se nourrissent surtout d'anthologies, de manuels, de guides, de résumés, d'instruments « exégétiques » et « didactiques » de toutes sortes. Au lieu d'être invités à se plonger directement dans la lecture de l'Arioste ou de Ronsard, de Platon ou de Shakespeare — qui leur volerait trop de temps et leur demanderait des efforts linguistiques et herméneutiques excessifs —, ils sont encouragés à emprunter ces raccourcis que constituent les « florilèges » omniprésents sur le marché de l'édition.

Cette politique scolaire scélérate a fini par conditionner de manière irréversible les stratégies éditoriales elles-mêmes. En Italie, les grandes collections de classiques ont été réduites au silence : les « Scrittori d'Italia » chez Laterza (collection créée par Benedetto Croce), les « Classici Mondadori », la « Letteratura Italiana Ricciardi » (collection dont les éditions Treccani viennent toutefois d'annoncer la renaissance) et même, depuis quelques années, les collections des éditions Utet. En France, la prestigieuse maison d'édition Les Belles Lettres résiste de toutes ses forces, en rencontrant toujours plus de difficultés pour trouver des collaborateurs capables de réaliser des éditions critiques de textes latins et grecs. Deux autres grandes collections de classiques — la « Loeb Classical Library » et les « Oxford Classical Texts » — rencontrent les mêmes problèmes. Dans d'autres pays européens, il arrive même souvent que les maisons d'édition opposent une grande résistance aux projets d'édition de classiques qui ne sont pas soutenus par des financements consistants. Et tout cela se produit alors que la littérature secondaire connaît, elle, une croissance démesurée.

Or il est difficile d'imaginer que la passion pour la philosophie, pour la poésie ou pour l'histoire de l'art puisse naître de la lecture de matériaux didactiques qui, d'abord simples supports, finissent par remplacer définitivement les œuvres dont ils parlent, c'est-à-dire ces textes qui deviennent de purs « pré-textes ».

## 11. La découverte d'un classique peut changer la vie

Il est en effet impossible de concevoir une forme d'enseignement, quelle qu'elle soit, sans les classiques. La rencontre entre celui qui enseigne et celui qui apprend présuppose toujours un « texte » comme point de départ. Faute de ce contact direct, les étudiants auront beaucoup de mal à aimer la philosophie ou la littérature et, dans le même temps, les professeurs auront très peu de chances d'exploiter au mieux leurs qualités pour susciter la passion et l'enthousiasme chez leurs élèves. On finira par couper définitivement le fil qui reliait la parole écrite et la vie et par briser le cercle qui permettait aux jeunes lecteurs d'apprendre à écouter chez les classiques la voix de l'humanité, avant que, avec le temps, la vie elle-même leur apprenne à mieux comprendre les livres dont nous sommes nourris.

Goûter à quelques extraits, ce n'est pas suffisant. Une anthologie n'aura jamais le pouvoir de susciter des réactions que seule la lecture d'une œuvre intégrale peut provoquer. Et, dans ce processus d'entrée en contact avec les classiques, le professeur peut jouer un rôle extrêmement important. Il suffit de lire les biographies ou les autobiographies des grands savants pour y trouver presque toujours le souvenir d'une rencontre avec un enseignant qui, au cours de leurs études de lycée ou d'université, a été décisive dans l'orientation de leur curiosité vers telle ou telle discipline. Chacun d'entre nous a pu personnellement constater à quel point l'inclination de l'élève pour telle ou telle matière est très souvent suscitée par le charisme et l'habileté d'un professeur.

C'est que l'enseignement implique toujours une forme de séduction. Il constitue une activité qui ne saurait être considérée comme un « métier », mais qui, dans sa forme la plus noble et la plus authentique, présuppose une véritable vocation. Autrement dit, le vrai professeur « prononce ses vœux ». D'où la légitime mise en garde de George Steiner : « Une leçon de mauvaise qualité est presque littéralement un assassinat et, métaphoriquement, un péché. » Car « l'enseignement médiocre, la routine pédagogique, un style d'instruction qui, délibérément ou non, vise avec cynisme des objectifs simplement utilitaires sont ruineux ». La rencontre authentique entre un maître et un élève ne peut être séparée de la passion et de l'amour pour la connaissance. Comme nous le rappelle Max Scheler citant Goethe, « on n'apprend à connaître que ce que l'on aime ; et la connaissance sera d'autant plus complète et plus profonde que l'amour, ou même que la passion, auront été plus puissants et plus vivants ». Mais — pour reprendre notre fil conducteur — s'ils sont vraiment authentiques, l'amour et la passion présupposent dans tous les cas la gratuité et le désintéressement : c'est à cette condition que la rencontre avec un maître ou avec un classique pourra changer la vie de l'étudiant ou du lecteur.

## 12. Les bibliothèques menacées : le retentissant scandale du Warburg Institute

Mais la logique entrepreneuriale peut également mettre en danger l'existence de grandes bibliothèques et d'instituts de recherche de renommée internationale. Parmi les exemples les plus significatifs, citons la bibliothèque du Warburg Institute à Londres, qui est l'une des plus importantes au monde, non seulement en raison du nombre de livres qu'elle possède (environ 350 000 volumes) et de la richesse de sa photothèque (environ 400 000 images), mais aussi à cause du rôle qu'elle a joué et continue de jouer dans la culture européenne. Qu'on se rappelle en effet la nature très particulière de cette bibliothèque, dont la structure évoque celle d'un livre : l'emplacement de chaque volume et l'agencement des rayons respectent une logique précise qui reflète une vision unitaire des savoirs et de leurs connexions, conformément aux idées d'Aby Warburg et de ses illustres amis. Le lecteur qui cherche tel ou tel livre aura la bonne surprise de trouver, à côté de l'ouvrage recherché, toute une série d'autres livres qui traitent de thèmes analogues ou proches.

Pour échapper à la barbarie nazie, la bibliothèque a été transférée à Londres en 1934, avant d'être rattachée à l'University of London en 1944. Au cours du XX<sup>e</sup> siècle, certains des plus grands spécialistes mondiaux de la Renaissance sont passés par l'Institut de Woburn Square : d'Ernst Cassirer à Rudolf Wittkower, d'Ernst Gombrich à Erwin Panofsky, de Fritz Saxl à Michael Baxandall, de Frances A. Yates à Edgar Wind, de Paul Oskar Kristeller à Carlo Dionisotti, de Giovanni Aquilecchia à Anthony Grafton.

Pourtant, malgré son histoire prestigieuse et son immense patrimoine, qui constituent un *unicum* dans les études sur la Renaissance, la vie de la bibliothèque est en danger depuis plusieurs années : un projet d'unification des instituts, conçu par les dirigeants de l'université pour réduire de manière drastique les coûts de gestion, menace l'indépendance du Warburg — cette indépendance que la famille même du fondateur avait heureusement tenu à souligner au moment de l'accord conclu avec les autorités académiques de Londres. Ironie du sort : née grâce à un fils de banquier qui avait renoncé à son riche héritage pour obtenir en échange la liberté d'acquérir des livres, la bibliothèque se trouve aujourd'hui menacée par des choix uniquement liés à des intérêts financiers (on imagine en effet combien pourrait rapporter un bâtiment tout entier situé au centre de Londres s'il était destiné à des activités « productives »). Même si, pour le moment, une trêve est en vigueur entre les parties adverses, les membres du Warburg ne baissent pas la garde : ils savent bien que la bataille n'est pas encore terminée et que le conflit peut se rallumer. Qui donc sera vainqueur ? La bibliothèque ou bien la logique marchande ?

Quoi qu'il en soit, le désintérêt pour la vie des livres semble actuellement gagner partout du terrain. En août 2012, journaux et télévisions ont diffusé en Italie une bien choquante nouvelle : la décision a été prise d'enfermer dans des caisses les collections de la bibliothèque de l'Istituto Italiano per gli Studi Filosofici (300 000 volumes environ) et de les stocker dans un dépôt de la périphérie de Naples. Tandis que ces caisses étaient emportées par les camions, l'avocat Gerardo Marotta — président de l'Istituto — dénonçait l'indifférence et l'immobilisme des institutions régionales et locales devant cet abandon d'un si important patrimoine culturel. À Naples encore, durant la même période, on a appris une effarante et stupéfiante nouvelle : la vénérable bibliothèque des Girolamini, fréquentée par Giambattista Vico, a été victime d'un véritable pillage et de nombreux textes et manuscrits rares de grande valeur ont disparu.

Existe-t-il donc encore des dirigeants que pourraient émouvoir les mots employés par le cardinal Bessarion — dans sa lettre du 31 mai 1468 au doge Cristoforo Moro — au moment où il léguait son importante bibliothèque (482 volumes grecs et 264 volumes latins) à la cité de Venise ?

> Les livres sont pleins des paroles des sages, des exemples des anciens, des coutumes, des lois, de la religion. Ils vivent, ils discourent, ils nous parlent, ils nous enseignent, ils nous forment, ils nous consolent, ils nous rendent présentes, en les offrant à notre regard, des choses très éloignées de notre mémoire. Si grandes sont leur dignité, leur majesté et enfin leur sainteté que, s'il n'y avait pas de livres, nous serions

tous grossiers et ignorants, sans aucun souvenir du passé, sans aucun exemple ; nous n'aurions aucune connaissance des choses humaines et divines ; la même urne qui accueille les corps effacerait aussi la mémoire des hommes.

## 13. La disparition des librairies historiques

Mais l'avalanche des catastrophes ne s'arrête pas là. L'identité des librairies a également été défigurée par les exigences du marché. Autrefois lieux de rencontre historiques où il était possible de découvrir à tout moment des textes et des essais d'une importance fondamentale, elles sont aujourd'hui devenues des caisses de résonance pour des livres à la mode dont le succès n'est qu'un feu de paille. Impossible d'oublier l'existence des PUF à Paris sur la place de la Sorbonne ou du mythique Divan à Saint-Germain-des-Prés (dont les locaux, destinés durant des décennies à des activités commerciales plus rentables, n'ont été rendus aux livres que depuis quelques mois, grâce au transfert de La Hune), et tout aussi impossible d'ignorer la profonde transformation des librairies (les magasins de la Fnac, par exemple), qui ont petit à petit renoncé à l'érudition et ont considérablement réduit la place des classiques en bourrant les rayons de livres tout juste publiés et auréolés d'un succès purement médiatique. Même constat pour l'Italie : plusieurs librairies historiques sont en train de disparaître (les librairies Treves et Guida de Naples, par exemple, dont la fermeture a suscité des protestations), tandis que les grandes chaînes de magasins de biens culturels sont contraintes de se plier à la logique du marché.

Ne survivent que quelques rares îlots de résistance (Vrin, Les Belles Lettres, La Procure à Paris, ou Tombolini à Rome et Hoepli à Milan), où le lecteur peut encore presque toujours trouver les textes fondamentaux. Quant aux libraires eux-mêmes, ils ne sont plus ceux d'autrefois (à quelques rares exceptions près), qui étaient en mesure de fournir aux lecteurs de précieuses suggestions à propos d'un roman ou d'un essai. Leur liberté de choix est de plus en plus limitée par les intérêts des grands distributeurs qui imposent leurs publications selon des critères purement commerciaux, sans considérer la qualité comme une valeur essentielle. Ainsi déresponsabilisés, les libraires se transforment alors en simples employés dont la tâche principale est de vendre des produits avec le même état d'esprit qu'un salarié anonyme de supermarché.

## 14. L'« UTILITÉ » INATTENDUE DES SCIENCES « INUTILES »

Mais qu'il n'y ait surtout pas de malentendu dans cet éloge de l'utile inutilité de la littérature et de la philosophie. Je voudrais dire clairement — et pas seulement pour tranquilliser mes collègues scientifiques — qu'il ne s'agit pas ici de réactiver la funeste opposition entre les savoirs humanistes et les savoirs scientifiques, bien au contraire : je suis fermement convaincu que, consciente des rôles de chacun, la science a occupé et continue d'occuper une place très importante dans la bataille à mener contre les lois du marché et du profit. Tout le monde sait que des travaux scientifiques considérés comme apparemment inutiles, parce que non orientés vers une finalité pratique précise, ont débouché par la suite sur un résultat utile inattendu. Les inventions de Marconi eussent été impensables sans les recherches de Maxwell et de Hertz sur les ondes électromagnétiques, c'est-à-dire sans des travaux qui — répétons-le fortement — n'ont été motivés que par le désir de satisfaire une curiosité purement théorique. Soutenant cette même idée dans des pages remarquables — que j'ai souhaité pour cette raison associer à mes propres réflexions —, Abraham Flexner a montré avec de puissants arguments que des génies comme Galilée ou Newton ont laissé libre cours à leur curiosité en n'étant nullement obsédés par l'utilité et le profit. Les découvertes fondamentales qui ont révolutionné l'histoire de l'humanité sont en grande partie le fruit de recherches éloignées de tout objectif utilitaire.

Or, même dans ce domaine, le désengagement progressif de l'État contraint toujours davantage les universités et les centres de recherche à aller chercher des financements auprès des entreprises privées ou des multinationales. Mais les projets ainsi financés ont alors pour but la fabrication d'un produit susceptible d'être mis sur le marché ou d'être utilisé au sein de l'entreprise elle-même : sans vouloir minorer l'importance de ces contributions au progrès scientifique, force est de constater qu'il semble désormais bien loin, ce climat de liberté dont parle Flexner à propos de l'Institute for Advanced Study de Princeton, qui a rendu possibles de grandes révolutions scientifiques. La recherche dite fondamentale, naguère financée par l'argent public, ne semble plus susciter aucun intérêt.

Dès lors, est-ce un hasard si, au cours des dernières décennies, le nombre des escroqueries dans le domaine de la recherche scientifique a été multiplié au moins par dix ? Dans sa récente dénonciation de ce phénomène, Arturo Casadevall, professeur à l'Albert Einstein College of Medicine à New York, nous donne les chiffres qui l'ont conduit à tirer le signal d'alarme : rien qu'en 2007, il a fallu invalider pour fraude 96 études sur un million. Cette situation est d'autant plus préoccupante que, parmi les causes déterminantes de cette tendance, les pressions exercées sur la recherche biomédicale pour des raisons économiques occupent une grande place. Personne n'a oublié la fameuse affaire de l'article contre les vaccinations publié en 1998 dans la revue *The Lancet* par Andrew Wakefield, puis retiré après que l'auteur eut été condamné pour de graves conflits d'intérêts sur le plan scientifique et financier.

## 15. Quel avantage retire-t-on d'un théorème ? D'Euclide à Archimède

Que le monde classique ait eu conscience de la différence entre la science purement spéculative (et donc désintéressée) et la science appliquée, c'est ce dont témoignent non seulement Aristote, mais aussi des anecdotes et des biographies de savants illustres qui connurent une large diffusion. Il suffit de songer, par exemple, à ce que Stobée nous raconte sur Euclide : comme l'un de ses élèves, qui venait d'apprendre un premier théorème, lui demandait : « Mais quel avantage vais-je en retirer ? », le fameux mathématicien fit venir un esclave et lui ordonna de donner une piécette à l'étudiant, « parce qu'il a besoin de retirer un avantage de ce qu'il apprend ».

Qu'on relise aussi le passage dans lequel Plutarque évoque le mépris qu'éprouvait Archimède pour la « mécanique » appliquée, au point d'estimer indigne d'un savant d'écrire sur des questions de technologie :

> Archimède avait tant de fierté, une âme si profonde, et il avait amassé un trésor tellement inépuisable d'observations scientifiques, qu'il ne daigna laisser aucun écrit consacré à ces inventions qui lui ont valu le renom et la gloire d'une intelligence divine, et non humaine. Ce qui avait trait à la mécanique, et de manière générale toutes les techniques liées aux besoins de la vie, n'étaient à ses yeux que de vulgaires travaux d'ouvrier. Il consacra son ambition aux seuls objets dont la beauté et l'excellence n'ont rien à voir avec la nécessité, qui ne peuvent être comparés aux autres et où la qualité de la démonstration le dispute à celle du sujet.

Il serait bien sûr imprudent de prendre au pied de la lettre le récit de Plutarque, comme l'ont fait par le passé certains illustres historiens des sciences. Car l'intérêt réel d'Archimède pour ce qu'on appelle la mécanique ressort bel et bien de plusieurs de ses écrits et, plus concrètement, de ses si célèbres inventions. Il n'en reste pas moins que le portrait du savant brossé par le philosophe, probablement influencé en partie par ses convictions platoniciennes, atteste en tout cas que les Anciens percevaient clairement la différence entre la théorie (désintéressée) et la technique.

## 16. Poincaré : la « science n'étudie pas la nature » pour rechercher « l'utile »

De telles questions sont également développées dans les réflexions d'Henri Poincaré. Dans son essai intitulé *La Valeur de la science* (1904), le grand savant et épistémologue distingue en effet nettement les « praticiens intransigeants » et les « curieux de la nature » : les premiers ne songent qu'au gain, tandis que les seconds cherchent à comprendre de quelle manière nous pouvons enquêter pour connaître. Les deux attitudes se manifestent sans ambiguïté lorsqu'on demande « à quoi servent les mathématiques » :

> On vous a sans doute souvent demandé à quoi servent les mathématiques et si ces délicates constructions que nous tirons tout entières de notre esprit ne sont pas artificielles et enfantées par notre caprice. Parmi les personnes qui font cette question, je dois faire une distinction ; les gens pratiques réclament seulement de nous le moyen de gagner de l'argent. Ceux-là ne méritent pas qu'on leur réponde ; c'est à eux plutôt qu'il conviendrait de demander à quoi bon accumuler tant de richesses et si, pour avoir le temps de les acquérir, il faut négliger l'art et la science qui seuls nous font des âmes capables d'en jouir, *et propter vitam vivendi perdere causas* (chapitre V, p. 103).

En citant un célèbre hexamètre des *Satires* de Juvénal (repris par ailleurs dans d'autres contextes par d'autres auteurs, de Kant à Lacan) — « *summum crede nefas animam praeferre pudori / et propter vitam vivendi perdere causas* » : « regarde comme l'infamie suprême de préférer l'existence à l'honneur / et de perdre, pour sauver ta vie, ce qui est la raison de vivre » —, l'illustre épistémologue révèle immédiatement ce qu'il reproche à ceux qui, par utilitarisme, placent la sauvegarde de la vie au-dessus des grandes valeurs vitales. Une vie dépourvue de vertus et de principes n'est pas une vie. Et, de même, « une science uniquement faite en vue des applications » est une science « impossible », car « les vérités ne sont fécondes que si elles sont enchaînées les unes aux autres ». Et « si l'on s'attache seulement à celles dont on attend un résultat immédiat, les anneaux intermédiaires manqueront, et il n'y aura plus de chaîne » (p. 103).

Mais, à côté de ces « praticiens intransigeants » (p. 103), Poincaré aperçoit « ceux qui sont seulement curieux de la nature et qui nous demandent si nous sommes en état de la leur mieux faire connaître » (p. 104). Le savant français leur répond en expliquant à quoi peuvent servir les mathématiques :

> Les mathématiques ont un triple but. Elles doivent fournir un instrument pour l'étude de la nature. Mais ce n'est pas tout : elles ont un but philosophique et, j'ose le dire, un but esthétique. Elles doivent aider le philosophe à approfondir les notions de nombre, d'espace, de temps. Et surtout leurs adeptes y trouvent des jouissances analogues à celles que donnent la peinture et la musique (p. 104).

Les mathématiciens « admirent la délicate harmonie des nombres et des formes » et « s'émerveillent quand une découverte nouvelle leur ouvre une perspective inattendue ». Ainsi la joie qu'ils éprouvent peut-elle être assimilée au plaisir esthétique « bien que les sens n'y prennent aucune part ». Voilà pourquoi on peut dire que « les mathématiques méritent d'être cultivées pour elles-mêmes et que les théories qui ne peuvent être appliquées à la physique doivent l'être comme les autres ». Ainsi, selon Poincaré, « quand même le but physique et le but esthétique ne seraient pas solidaires, nous ne devrions sacrifier ni l'un ni l'autre » (p. 104).

On perçoit également cette analogie entre les mathématiciens et les écrivains dans la création d'une langue : « les écrivains qui embellissent une langue, qui la traitent comme un objet d'art, en font en même temps un instrument plus souple, plus apte à rendre les nuances de la pensée », de même que « l'analyste, qui poursuit un but purement esthétique, contribue par cela même à créer une langue plus propre à satisfaire le physicien » (p. 105).

Dans l'introduction à l'édition américaine de *La Valeur de la science* — publiée à New York en 1907, puis reprise dans *Science et méthode* en 1908 —, Poincaré s'interroge à nouveau sur le thème de l'utilité, en partant de certaines réflexions de Tolstoï sur la science :

> Le mot utilité n'a pas pour [Tolstoï] le sens que lui attribuent les hommes d'affaires, et

> derrière eux la plupart de nos contemporains. Il se soucie peu des applications de l'industrie, des merveilles de l'électricité ou de l'automobilisme qu'il regarde plutôt comme des obstacles au progrès moral ; l'utile, c'est uniquement ce qui peut rendre l'homme meilleur (I, 1, p. 17).

Si nos choix ne sont déterminés « que par le caprice ou l'utilité immédiate, il ne peut y avoir de science pour la science, ni par conséquent de science ». Ceux qui ne travaillent « qu'en vue d'une application immédiate ne [laissent] rien derrière eux » (I, 1, p. 18) :

> Il suffit d'ouvrir les yeux pour voir que les conquêtes de l'industrie qui ont enrichi tant d'hommes pratiques n'auraient jamais vu le jour si ces hommes pratiques avaient seuls existé, et s'ils n'avaient été devancés par des fous désintéressés qui sont morts pauvres, qui ne pensaient jamais à l'utile, et qui pourtant avaient un autre guide que leur caprice (I, 1, p. 18).

Un exemple permet à Poincaré d'expliquer concrètement comment les deux attitudes opposées — celle des hommes pratiques et celle des hommes de science (les « fous désintéressés ») — entraînent deux manières différentes d'affronter le même problème. « Je suppose qu'on veuille déterminer une courbe en observant quelques-uns de ses points : le praticien qui ne se préoccuperait que de l'utilité immédiate observerait seulement les points dont il aurait besoin pour quelque objet spécial », tandis que « l'homme de science procédera différemment : comme il veut étudier la courbe pour elle-même, il répartira régulièrement les points à observer, et dès qu'il en connaîtra quelques-uns, il les joindra par un tracé régulier et il possédera la courbe tout entière » (I, 1, p. 21).

Pour l'épistémologue français, non seulement l'homme de science « ne choisit pas au hasard les faits qu'il doit observer » (I, 1, p. 22), mais encore et surtout il n'étudie pas la nature à des fins utilitaires :

> Le savant n'étudie pas la nature parce que cela est utile ; il l'étudie parce qu'il y prend plaisir et il y prend plaisir parce qu'elle est belle. Si la nature n'était pas belle, elle ne vaudrait pas la peine d'être connue, la vie ne vaudrait pas la peine d'être vécue. Je ne parle pas ici, bien entendu, de cette beauté qui frappe les sens, de la beauté des qualités et des apparences ; non que j'en fasse fi, loin de là, mais elle n'a rien à faire avec la science ; je veux parler de cette beauté plus intime qui vient de l'ordre harmonieux des parties, et qu'une intelligence pure peut saisir. C'est elle qui donne un corps,

> un squelette pour ainsi dire aux chatoyantes apparences qui flattent nos sens, et sans ce support, la beauté de ces rêves fugitifs ne serait qu'imparfaite parce qu'elle serait indécise et toujours fuyante (I, 1, p. 22).

Il convient donc de regarder cette « beauté intellectuelle » qui « se suffit à elle-même ». C'est pour elle, « plus peut-être que pour le bien futur de l'humanité », que « le savant se condamne à de longs et pénibles travaux » (I, 1, p. 22). Car, sans ces efforts laborieux et désintéressés, comment imaginer que nous puissions devenir meilleurs ?

## 17. « La connaissance est une richesse qu'on peut donner sans s'appauvrir »

Il faudra donc se battre au cours des années à venir pour préserver de la dérive utilitariste non seulement la science, l'école et l'université, mais aussi tout ce que nous appelons « culture ». Il faudra résister à la dissolution programmée de l'enseignement, de la recherche scientifique, des classiques et des biens culturels. Car saboter la culture et l'instruction, c'est saboter le futur de l'humanité. Il y a quelques années, j'ai eu l'occasion de lire une phrase simple, mais pleine de sens, qui était inscrite sur un panneau signalétique dans une bibliothèque de manuscrits au milieu d'une oasis perdue du Sahara : « La connaissance est une richesse qu'on peut donner sans s'appauvrir. » Seul le savoir peut perturber la logique dominante du profit en étant partagé sans appauvrir, et en enrichissant même à la fois celui qui le transmet et celui qui le reçoit.

# TROISIÈME PARTIE

## POSSÉDER TUE : *DIGNITAS HOMINIS*, AMOUR, VÉRITÉ

*C'est le jouir, non le posséder,*
*qui nous rend heureux.*

Montaigne, *Les Essais*

## 1. La voix des classiques

Au terme de cette nécessaire réflexion sur l'utile inutilité des savoirs humanistes, il est temps de donner directement la parole aux classiques, d'écouter leur voix, de s'enflammer au contact des étincelles qui pourront jaillir d'une rencontre avec les pages de quelques grands écrivains. Si, comme nous l'avons vu, la possession occupe aujourd'hui une place éminente dans l'échelle des valeurs de notre société, certains auteurs se sont en revanche remarquablement bien employés à montrer, au contraire, son caractère illusoire et ses nombreux effets destructeurs dans tous les champs du savoir et sur tous les types de relations humaines. Comme l'indique le perspicace Montaigne, « c'est le jouir, non le posséder, qui nous rend heureux » (I, 42, p. 470). Pour m'en tenir à quelques exemples parmi les plus éloquents, je voudrais m'arrêter sur trois thèmes qui, à des titres divers, ont pesé et continuent de peser lourd dans la vie des hommes : la *dignitas hominis*, l'amour et la vérité. Car justement ces trois domaines — où la possession se révèle être par nature une force négative et dévastatrice — constituent aussi et inversement le terrain idéal où la gratuité et le désintéressement peuvent régner de la manière la plus authentique.

## 2. La *dignitas hominis* : l'illusion de la richesse et la prostitution de la Sagesse

La *dignitas hominis* peut-elle vraiment être mesurée en fonction des richesses possédées ou bien est-elle fondée sur des valeurs totalement indépendantes de l'idée de profit ou de gain ? Pour répondre à cette question, je voudrais m'appuyer d'abord sur un recueil de lettres attribuées à Hippocrate, dans lesquelles le célèbre médecin s'intéresse à la folie présumée de Démocrite. Ce véritable roman épistolaire est construit sur une paradoxale interversion des rôles : au cours du récit, le médecin deviendra patient et le patient assumera les fonctions de médecin. Ainsi, aux yeux d'Hippocrate, la folie apparente de Démocrite se transformera-t-elle en sagesse, tandis que la prétendue sagesse des Abdéritains se changera en folie. Tout commence par une scène remarquable : depuis sa maison située en haut d'une colline, le grand philosophe ne cesse de rire et ses concitoyens s'inquiètent, car ils le croient malade. Pour le soigner, ils décident de faire venir le médecin Hippocrate, qui méprise les richesses et veut exercer sa profession sans se laisser influencer par l'argent :

> En échange de ma venue, ni la nature ni la divinité ne me promettraient de l'argent : ne me faites donc pas violence, Abdéritains, mais souffrez qu'un art libéral s'exerce libéralement. Ceux qui travaillent pour de l'argent asservissent les sciences à leurs intérêts, et en les privant de leur ancienne liberté d'expression, ils les réduisent pour ainsi dire en esclavage [...]. Pitoyable vie humaine, en qui sans cesse s'insinue l'intolérable cupidité, pareille à un vent d'hiver ! Et plût aux dieux que les médecins unissent leurs forces pour soigner cette maladie, plus pénible que la folie — car on va jusqu'à réputer heureuse cette affection morbide et pernicieuse (p. 45) !

Dès le début, la rencontre entre les deux grands hommes se révèle très féconde, notamment quand ils abordent les raisons qui ont provoqué le rire du philosophe. Démocrite finit en effet par répondre clairement aux questions de l'illustre médecin :

> Je ris d'un unique objet, l'homme plein de déraison, vide d'œuvres droites [...], poussé par ses désirs immodérés à s'aventurer jusqu'aux limites de la terre et dans ses immenses cavités, fondant l'argent et l'or, ne cessant jamais d'en acquérir, se démenant toujours pour en posséder davantage afin de ne pas déchoir. Et il n'éprouve aucun remords à se déclarer heureux, lui qui fait creuser à pleines mains les profondeurs de la terre par des captifs enchaînés, dont les uns périssent sous les éboulements d'un terrain friable, tandis qu'interminablement soumis à cette contrainte, les autres survivent dans le châtiment comme dans une patrie. On va chercher l'or et l'argent, on examine les traces de poussière et les raclures, on entasse ici le sable qu'on avait extrait de là, on ouvre les veines de la terre, on fend les mottes pour s'enrichir ; de notre terre maternelle, on fait une terre ennemie ; elle qui reste toujours la même, on l'admire et on la foule aux pieds (p. 83-84).

Les réflexions de Démocrite n'impressionnent pas seulement Hippocrate : à plusieurs siècles de distance, c'est nous-mêmes, lecteurs du nouveau millénaire, qui en sommes éblouis. « Ouvr[ir] les veines » de « notre terre maternelle » pour extraire l'or et l'argent, faire mourir des êtres humains pour accumuler des richesses, c'est compromettre le futur de l'humanité, car cela signifie détruire toute forme de *dignitas hominis* en se laissant aller à une folie dangereuse et suicidaire.

La richesse et le pouvoir suscitent en effet de trompeuses illusions, comme le souligne éloquemment Sénèque dans ses *Lettres à Lucilius* quand il emploie la métaphore du théâtre du monde : les riches et les puissants ne sont heureux qu'autant que peuvent l'être des acteurs jouant le rôle de rois sur la scène ; une fois que le spectacle est terminé et que les habits de roi sont rangés, chacun redevient ce qu'il est vraiment dans la vie de tous les jours :

> De tous ces hommes que tu vois habillés de pourpre, pas un n'est heureux. Tels ces princes de théâtre à qui le sceptre et la chlamyde sont assignés comme des attributs de leur rôle. Ils se pavanent devant le public, faisant la roue, dressés sur leurs cothurnes, puis, à peine rentrés dans la coulisse, ils se déchaussent et reprennent leur taille naturelle. De tous ces personnages que l'argent et les honneurs placent en un faîte élevé, pas un n'est grand (IX, 76, 31, p. 817).

Notre erreur, selon Sénèque, vient principalement de ce que nous jugeons les hommes non pas tels qu'ils sont, mais d'après les vêtements qu'ils portent et les ornements dont ils se parent :

> Eh bien, quand tu voudras procéder à une estimation exacte, savoir ce que vaut un homme, examine-le à nu. Qu'il dépose son patrimoine, qu'il dépose ses honneurs, toutes les faveurs mensongères de la Fortune ; qu'il soit même dépouillé de son corps. Regarde son âme, ce qu'elle est, et quelle taille elle mesure ; a-t-il emprunté ou tire-t-il de lui-même sa grandeur ? (IX, 76, 32, p. 817-818).

Bien des siècles plus tard, dans son célèbre *Discours sur la dignité de l'homme*, Giovanni Pico della Mirandola nous a fait découvrir que l'essence de la *dignitas* de l'homme réside dans son libre arbitre. Quand Dieu a créé l'homme, il n'a pu en effet lui assigner aucune caractéristique spécifique, parce que toutes les déterminations avaient déjà été attribuées aux autres êtres vivants, et il a donc décidé de le laisser rester un être indéfini, en n'accordant qu'à lui la liberté de choisir son propre destin :

> Pour les autres [êtres], leur nature définie est tenue en bride par des lois que nous avons prescrites : toi, aucune restriction ne te bride, c'est ton propre jugement, auquel je t'ai confié, qui te permettra de définir ta nature. [...] Si nous ne t'avons fait ni terrestre ni céleste, ni mortel ni immortel, c'est afin que, doté pour

> ainsi dire du pouvoir honorifique et arbitral de te modeler et de te façonner toi-même, tu te donnes la forme qui aurait eu ta préférence. Tu pourras dégénérer en formes inférieures, qui sont bestiales ; tu pourras, par décision de ton esprit, te régénérer en formes supérieures, qui sont divines (p. 6-9).

Libres d'habiter partout dans l'univers, les êtres humains pourront se situer en haut parmi les êtres supérieurs ou bien en bas parmi les bêtes sauvages. Tout dépendra de leurs choix : celui, par exemple, qui saura se laisser guider par la recherche philosophique sera en mesure de comprendre qu'on ne conquiert pas la vraie *dignitas* en se livrant à des activités qui ne procurent que des gains, mais en acquérant la connaissance « [des] causes des choses, [des] voies de la nature, [de] la raison de l'univers, [des] desseins de Dieu, [des] mystères des cieux et de la terre » (p. 44-45).

Ainsi, même si la conception anthropocentriste et mystique de Pico della Mirandola a ses limites, on ne peut qu'être impressionné par les efforts qu'il fournit pour libérer la sagesse et la dignité humaine de l'étreinte mortelle du profit :

> Pis encore, hélas, on en est désormais venu à n'estimer sages que les mercenaires de la

> sagesse, au point que la chaste Pallas, qui par une grâce des dieux avait élu domicile chez les hommes, on la voit bannie, huée, sifflée ; il n'y a personne pour l'aimer et lui témoigner de l'intérêt, à moins qu'elle ne se prostitue en quelque sorte et qu'ayant reçu le chétif salaire de sa virginité déflorée, elle ne verse dans la cassette d'un amant cet argent mal acquis (p. 44-45).

Voilà pourquoi tout un ouvrage de Leon Battista Alberti — le *De commodis litterarum atque incommodis* (*Avantages et inconvénients des lettres*) — s'emploie à montrer la nécessité de consacrer toute sa vie à l'étude des lettres pour emprunter, loin de tout appât du lucre, le chemin de la vertu. Dans les dernières pages, autobiographiques, le célèbre écrivain-architecte raconte comment ses efforts n'ont été motivés que par un pur amour de la connaissance :

> La pauvreté, l'hostilité, les injustices, et non des moindres, comme le savent pas mal de gens, que j'ai subies au moment même d'achever mes études, j'y ai fait face avec courage et résolution rien que par amour des lettres, et par reconnaissance pour elles. Et je n'ai pas fait cela pour le plaisir, pas plus que pour l'argent, comme le passage des livres aux affaires me

> l'aurait permis, si je l'avais voulu [...]. Que l'esprit des lettrés soit enflammé d'un désir qui ne se tourne pas vers les richesses et l'argent, mais vers la sagesse (p. 145-147).

De même l'auteur anonyme du traité *Du sublime* estime-t-il que le désir de richesse est une grave maladie qui corrompt non seulement l'âme humaine, mais aussi la société et la vie civile :

> Oui, l'amour de la richesse face à laquelle nous sommes tous désormais malades de ne pas pouvoir nous en rassasier, et l'amour du plaisir nous rendent esclaves, et bien plus, pourrait-on dire, font sombrer le bateau de la vie avec tout l'équipage. L'amour de l'argent est une maladie amoindrissante [...]. En vérité, je ne peux, à y bien réfléchir, trouver comment il est possible, pour nous qui avons attaché tant de prix à la richesse illimitée, et qui, pour parler plus vrai, l'avons divinisée, de ne pas admettre dans nos âmes les maux qui croissent en même temps qu'elle. [...] Mais si on laisse ces rejetons de la richesse s'avancer en âge, rapidement pour les âmes ils engendrent des tyrans inexorables, la violence, l'illégalité et l'impudence (XLIV, 6-7, p. 126).

## 3. Aimer pour posséder, c'est tuer l'amour

Le domaine des réflexions sur l'amour nous donne également tant d'exemples de la valeur de la gratuité que nous avons vraiment l'embarras du choix. Celui qui aime se donne en effet pour la pure joie de donner, sans rien exiger en retour. L'amour authentique apparaît ainsi comme le signe d'une rencontre entre deux êtres cheminant librement l'un vers l'autre. Ce qui les unit est alors un lien désintéressé, qui fait la valeur de l'amour en soi et qui est plus fort que tous les intérêts individuels et toutes les formes d'égoïsme. Et si l'amour est offert en cadeau (*un don de soi-même*), il n'impliquera aucune souffrance, comme nous le rappelle le sage berbère de la *Citadelle* de Saint-Exupéry :

> Ne confonds point l'amour avec le délire de la possession, lequel apporte les pires souffrances. Car au contraire de l'opinion commune, l'amour ne fait point souffrir. Mais l'instinct de propriété fait souffrir, qui est le contraire de l'amour.

Mais quand se déchaîne le désir de posséder et de dominer l'autre, alors l'amour devient jalousie. Dans ce cas-là, aimer n'est plus synonyme d'un *don de soi*, mais signifie surtout que nous exigeons d'*être aimés* par quelqu'un qui nous *appartient*. Les couples se comportent en effet souvent comme des animaux marquant leur territoire. Pour posséder, ils ont besoin de « salir ». Et, parfois, nous dit Michel Serres dans son essai sur *Le Mal propre*, « [l]a propriété dans le mariage équivaut à l'esclavage. Encore la marque : le bœuf, l'esclave se marquent au fer rouge, l'automobile au sigle de Ford et *l'épouse à l'anneau d'or* ». Ainsi, animé par une volonté obsessionnelle de quantifier à tout prix la force de la fidélité, l'exclusivité du lien, la pureté de la passion, l'inviolabilité de la propriété et le poids de la puissance, on cède facilement au fantasme fou de mettre à l'épreuve son ou sa partenaire.

Pour illustrer ce danger, je voudrais analyser juste deux épisodes tirés de deux grands classiques : l'aventure de Renault et du chevalier à la coupe d'or (racontée par l'Arioste au chant XLIII du *Roland furieux*) et le bref récit intitulé « Où il est prouvé que la curiosité est un vilain défaut » (que Cervantès a inséré dans la première partie de son *Don Quichotte*).

Surpris par la nuit entre Mantoue et Ferrare, Renault est accueilli dans un château. À la fin du repas, le maître de maison l'invite à se soumettre à l'épreuve de la coupe d'or enchantée. Il s'agit d'arriver à boire le vin qu'elle contient : si le vin ne se répand pas sur la poitrine du buveur, cela signifie que son épouse lui est fidèle. Renault soulève la coupe mais, au moment de la porter à ses lèvres, il la repose sur la table. Déchiré entre le désir de savoir et une prudente ignorance, il décide finalement de renoncer à l'épreuve : la prétention de connaître la vérité en matière d'amour ne peut que faire naître des soupçons empoisonnés et de funestes obsessions. Avec lucidité, Renault a compris qu'il faudrait être masochiste pour chercher ce qu'on ne veut pas trouver. Car aimer, c'est justement abandonner la prétention d'avoir des certitudes. Seule la « croyance » peut aider à vivre un rapport fondé sur le respect et sur la tolérance : « Ce que je crois jusqu'ici m'a servi et me sert ; / que pourrais-je gagner à en faire l'épreuve ? » (« *Sin qui m'a il creder mio giovato, e giova : / che poss'io megliorar per farne prova ?* » — XLIII, 6, v. 7-8, p. 192).

Bouleversé par la sagesse de son invité, le chevalier fond en larmes et avoue que lui-même a perdu l'amour de son épouse à cause de sa jalousie (« Tandis qu'ainsi il parlait le bon Renaud, tout en / repoussant loin de soi le vase détesté, / il vit jaillir abondamment un grand ruisseau / de pleurs des yeux du maître de cette maison, / qui dit après s'être quelque peu apaisé : / "Que soit maudit celui qui me persuada / de faire cette épreuve, en sorte qu'il a pu / m'ôter hélas ! la douce épouse que j'avais" » — XLIII, 9, p. 193). En effet, tourmenté par l'angoisse de la trahison, obsédé par la peur de perdre sa femme, il a entrepris de la soumettre à une série d'épreuves pour vérifier sa fidélité. Dans un premier temps, l'épouse a fermement résisté aux tentations et aux pièges tendus par son époux. Mais quand, transformé par une magicienne en un « jeune amant » (XL, 35, v. 3, p. 199), il lui offre de très belles pierres précieuses, l'épouse, qui ignore le piège, se déclare prête à passer une nuit avec lui en échange de ses cadeaux : « Pour commencer elle ne se troubla pas peu, / devint très rouge et ne voulut pas m'écouter, / mais voir comme le feu ensuite flamboyer / les belles pierreries amollit son cœur dur ; / et elle répondit d'une voix brève et faible / (ce qui m'ôte la vie quand je m'en souviens) / qu'elle me complairait, si elle pouvait croire / que ne le sût jamais aucune autre personne » (XLIII, 38, p. 200).

L'Arioste n'insiste pas tant ici sur le thème de la corruption provoquée une fois de plus par le désir avide d'accumuler des richesses (désir déjà dénoncé par Virgile : « À quoi ne forces-tu pas le cœur de l'homme, maudite soif de l'or ! » ; « *Quid non mortalia pectora cogis, / auri sacra fames !* » — *Énéide*, III, 56-57) que sur l'irresponsabilité de l'époux provoquant lui-même la trahison de son épouse. En effet, après avoir écouté la dramatique confession du chevalier à la coupe d'or, Renault lui reproche sa légèreté. Pour le paladin, la perte de l'amour ne peut être imputée à la faiblesse de l'épouse, car la véritable faute réside dans le fait que le mari a été assez fou pour vouloir mettre à l'épreuve la fidélité de sa femme et tester son seuil de résistance :

> Tu ne devais pas attaquer avec de telles
> armes, si tu désirais la voir se défendre.
> Ne sais-tu pas que contre l'or, le marbre même
> et le très dur acier ne peuvent résister ?
> Je crois que toi, tu erras plus, en la tentant,
> qu'elle qui aussitôt demeura ainsi prise.
> Si c'est elle qui t'eût tenté pareillement,
> je ne sais pas si tu aurais été plus ferme (XLIII, 49, p. 203).

Abandonner le désir de possession et savoir vivre avec l'autre en courant le risque de la perte, cela signifie qu'on accepte la fragilité et la précarité de l'amour, qu'on renonce à l'illusion d'une garantie d'indissolubilité du lien amoureux et qu'on prend acte du fait que, avec les limites et les imperfections qui les caractérisent, les rapports humains ne peuvent jamais être exempts d'opacité, de zones d'ombre, d'incertitude. Voilà pourquoi, quand on recherche une transparence totale et une vérité absolue dans l'amour, on ne fait en réalité que détruire l'amour, en l'étouffant dans une étreinte mortelle.

Il n'est pas étonnant qu'on retrouve cette sagesse de Renault dans la nouvelle du *Don Quichotte* (I, 33-35) intitulée « Où il est prouvé que la curiosité est un vilain défaut ». Cervantès y met en scène deux amis qui s'aiment comme des frères, Lothaire et Anselme. Le second épouse la très belle Camille et, alors même que le jeune couple vit une heureuse histoire d'amour, un doute commence à ronger de l'intérieur la sérénité d'Anselme : une femme qui n'est pas soumise à la tentation et qui n'a donc jamais l'occasion de prouver son honnêteté peut-elle vraiment être considérée comme fidèle ?

> Peut-on louer une femme d'avoir une bonne conduite, si personne ne l'invite à se mal conduire ? Peut-on lui savoir gré d'être modeste et réservée tant qu'on ne lui a pas donné l'occasion de se relâcher, surtout quand elle n'ignore pas qu'à la première imprudence son mari n'hésiterait pas à lui ôter la vie ? Celle qui n'est sage que par crainte, ou faute d'occasion, je ne peux la tenir en même estime que celle qui sortira triomphante des sollicitations les plus empressées (I, 33, p. 369).

Dévoré de jalousie, Anselme demande alors à son ami de tenter Camille pour mettre sa fidélité à l'épreuve. Lothaire lui oppose des arguments puissants pour le dissuader : il s'agit selon lui d'une entreprise insensée qui ne peut en aucun cas avoir une issue positive puisque, si l'épouse résiste, le mari n'en sera pas pour autant aimé davantage qu'il ne l'est déjà, alors que si, au contraire, elle cède à la tentation, le mari aura lui-même causé son propre déshonneur. Et c'est pour renforcer son discours de dissuasion que Lothaire cite en exemple le « prudent Renault », qui a su refuser l'épreuve dans le *Roland furieux* :

> [Toi, Anselme,] tu ne cesseras de pleurer, et si tes yeux refusent de verser des larmes, ce sont des larmes de sang que versera ton cœur, comme celles que versa ce docteur trop crédule, dont l'Arioste nous raconte dans le *Roland furieux* qu'il fit l'épreuve de la vérité en buvant dans la coupe magique, chose que le prudent Renault avait refusé de tenter. Bien qu'il s'agisse là d'une fiction poétique, cet épisode renferme une leçon de morale digne d'être méditée, et des conseils dignes d'être suivis (I, 33, p. 373-374).

Cette histoire racontée dans le *Don Quichotte* connaîtra malheureusement une issue tragique : Lothaire et Camille tomberont amoureux l'un de l'autre, Anselme en mourra de chagrin et les deux nouveaux amants perdront eux aussi la vie. Mais, avant de s'éteindre, le mari repentant laissera à son épouse un message inachevé dans lequel il reconnaît avoir été lui-même l'artisan de son propre déshonneur :

> *Un absurde et vilain défaut m'a coûté la vie. Si la nouvelle de ma mort parvient à Camille, qu'elle sache que je lui pardonne : elle n'était pas obligée de faire des miracles, et moi, je n'avais pas à lui demander d'en faire. Puisque j'ai été l'artisan de mon propre déshonneur, il est juste que…* (I, 35, p. 412-413).

Ainsi Cervantès se révèle-t-il, dans cette nouvelle, un très fin lecteur de l'Arioste. Les nouvelles racontées dans le *Roland furieux* et dans le *Don Quichotte* vont évidemment toutes les deux bien au-delà du strict domaine des relations amoureuses. Elles s'inscrivent dans une réflexion plus vaste sur la tolérance : Renault, ainsi que Lothaire, qui a bien compris sa leçon, nous invitent à accepter l'idée que toute conquête est toujours provisoire, précaire, menacée par la perte.

La possession apparaît dans tous les cas comme l'un des pires ennemis de l'amour : enfermer l'amour dans un cercle et le condamner à vivre dans une éternelle prison ne permettra en rien de le protéger des changements et des métamorphoses qui caractérisent la condition humaine. C'est ce que Diderot montre brillamment dans un passage du *Supplément au Voyage de Bougainville* :

> Rien, en effet, te paraît-il plus insensé qu'un précepte qui proscrit le changement qui est en nous ; qui commande une constance qui n'y peut être, et qui viole la nature et la liberté du mâle et de la femelle, en les enchaînant pour jamais l'un à l'autre ; qu'une fidélité qui borne la plus capricieuse des jouissances à un même individu ; qu'un serment d'immutabilité de deux êtres de chair, à la face d'un ciel qui n'est pas un instant le même, sous des antres qui menacent ruine, au bas d'une roche qui tombe en poudre, au pied d'un arbre qui se gerce, sur une pierre qui s'ébranle ?

L'amour ne supporte donc pas d'être mis en cage. Si l'on en croit la magnifique image utilisée par Rilke dans l'une de ses lettres, l'amour a besoin de se mouvoir librement, il a besoin d'une main ouverte qui lui permette de rester ou de s'enfuir, à sa guise : si notre main se referme sur lui pour l'immobiliser, elle devient alors son cercueil, car posséder tue :

> C'est dans notre regard que réside notre véritable pouvoir de conquérir [...]. Si nous devenons riches, ce n'est pas parce que quelque chose se loge entre nos mains et s'y fane, mais parce qu'à travers leur prise tout va et vient comme à travers le solennel portail de l'entrée et du retour à la maison. Nos mains ne doivent pas être des cercueils : seulement des lits, où les choses dorment d'un sommeil crépusculaire et font des rêves, depuis les profondeurs desquels s'exprime leur intimité la plus chère et la plus cachée. [...] Car possession signifie pauvreté et angoisse ; ce qu'il faut pour posséder sans peur, c'est avoir possédé.

## 4. Posséder la vérité, c'est tuer la vérité

Du thème de l'amour au thème de la vérité, il n'y a qu'un pas. Qu'on se rappelle en effet le célèbre mythe d'Éros chez Platon, qui a connu un succès extraordinaire, notamment à la Renaissance. Dans *Le Banquet*, le philosophe est comparé à l'Amour, car tous deux sont condamnés à l'éternel mouvement des contraires. La *fabula* de la naissance d'Éros racontée par la prêtresse Diotime — dont Socrate rapporte les paroles — permet de mieux comprendre la comparaison : au cours de la fête qui célèbre la naissance d'Aphrodite, Poros (dieu de la Ressource), ivre de nectar, s'unit à Pénia (déesse de l'Indigence) : de leur union naît Éros, que les qualités opposées de ses parents destinent à manquer de tout et à tout obtenir. Ni mortel ni immortel, ni pauvre ni riche, Éros joue un rôle de « médiateur » et, en ce sens, il symbolise parfaitement la condition du philosophe, toujours suspendue entre ignorance et sagesse. Situé entre les dieux, qui n'ont pas besoin de rechercher la sagesse parce qu'ils la possèdent déjà, et les ignorants, qui ne la recherchent pas parce qu'ils croient la posséder, le vrai philosophe, amoureux de la sagesse, tentera de l'approcher en la poursuivant toute sa vie.

Reprenant d'une manière originale cette image de la quête philosophique, Giordano Bruno la pousse jusqu'à ses plus extrêmes conséquences. Dans les *Fureurs héroïques*, il s'approprie en effet les modèles de la poésie amoureuse lyrique pour les mettre au service d'une recherche de la sagesse. Caractérisée par le désir insatiable de l'amant cherchant à embrasser l'inaccessible bien-aimée, la relation amoureuse est maintenant réinterprétée comme le symbole du parcours héroïque du « furieux » recherchant la sagesse. Animé par une inextinguible passion, cet « élan guerrier » devient donc le signe d'une impossibilité, d'une privation, d'une chasse marquée par l'insaisissabilité de la proie. Amoureux de la sagesse, le philosophe sait bien qu'il aura pour unique vocation la poursuite de la vérité :

> Chaque fois en effet — affirme Bruno dans le *De immenso* — que nous jugeons qu'il reste quelque vérité à connaître et quelque bien à atteindre, nous recherchons toujours une autre vérité et aspirons toujours à un autre bien. La recherche et la quête ne prendront donc pas fin avec une vérité qui est limitée et un bien qui est borné (I, 1, p. 203-204).

Pour Bruno, la chasse à la sagesse est une opération purement humaine et rationnelle. Il n'est nullement question ici de miracles, de prodiges, de magie, d'un vague mysticisme, de promesses d'unions fantomatiques avec la divinité ou de garanties d'une vie surnaturelle : si le désir du « furieux » est insatiable, cela tient seulement à l'incommensurabilité qu'il y a entre un être fini et un savoir infini. Mais c'est justement cette tension continuelle dans l'effort pour embrasser le savoir dans sa totalité qui peut élever l'homme à la connaissance des plus profonds secrets de la Nature et lui donner la possibilité de voir avec les yeux de l'esprit — ne serait-ce que pour un instant — l'unité de la multiplicité. C'est dans cette prise de conscience de l'impossibilité d'une union, pourtant constamment recherchée, avec la sagesse infinie que consiste l'élan guerrier et amoureux du philosophe. Ce qui compte, pour Bruno, ce n'est pas le fait d'embrasser cette sagesse infinie, mais plutôt le comportement à adopter tout au long du parcours de celui qui se rapproche de la sagesse. L'essence de la *philosophia* réside dans la capacité de garder toujours en vie l'amour de la sagesse. Voilà pourquoi il est plus important de courir avec dignité que de remporter la compétition, comme le souligne un passage du deuxième dialogue du *Souper des Cendres* :

> De plus, même s'il n'est pas possible de terminer la course et de remporter le prix, ne ménagez pas vos efforts dans une entreprise si importante et résistez jusqu'à votre dernier souffle. La louange attend non seulement le vainqueur, mais aussi celui qui meurt sans couardise ni lâcheté [...]. Honneur non seulement à celui qui a mérité le prix, mais aussi à tel ou tel autre qui a assez bien couru pour en être jugé digne, en dépit de sa défaite.

Tous les véritables chasseurs savent d'ailleurs — comme le déclare Montaigne dans une très belle page des *Essais* — que la vraie finalité de la chasse est la poursuite de la proie, c'est-à-dire le fait même de la traquer :

> L'agitation et la chasse est proprement de notre gibier, nous ne sommes pas excusables de la conduire mal et impertinemment — de faillir à la prise, c'est autre chose. Car nous sommes nés à quêter la vérité, il appartient de la posséder à une plus grande puissance. [...] Le monde n'est qu'une école d'inquisition. Ce n'est pas à qui mettra dedans, mais à qui fera les plus belles courses (III, 8).

Bruno et Montaigne ont tous les deux fait l'expérience dramatique des guerres de religion. Ils savent que la conviction de posséder la vérité absolue a transformé les différentes Églises en instruments de violence et de terreur. Ils ont conscience que le fanatisme a contribué à l'extermination d'innocents désarmés, et qu'il a fini par introduire la destruction et la mort au sein même des familles. Érasme avait pourtant rappelé, dans son ardent plaidoyer pour la paix, que le recours à la brutalité est contradictoire avec l'essence même de la religion :

> Tous les écrits des chrétiens, qu'on lise l'Ancien ou le Nouveau Testaments, ne crient qu'une chose : paix et union des cœurs, et la

> vie tout entière des chrétiens n'est consacrée qu'à la guerre.

Érasme met ici le doigt sur une plaie douloureuse qui n'est pas seulement celle des chrétiens. Sa pénétrante analyse resterait valable encore aujourd'hui et pour d'autres cultes, étant donné que le risque du fanatisme est en germe dans toutes les religions : à toutes les époques, hélas, on a commis au nom de Dieu des meurtres, des massacres, des génocides ; on a détruit au nom de Dieu des œuvres d'art d'une valeur universelle, on a brûlé des bibliothèques entières avec leurs manuscrits et leurs livres d'une valeur inestimable ; on a conduit au bûcher des philosophes et des savants qui ont contribué de manière décisive au progrès de la connaissance. Qu'on se rappelle seulement l'exécution de Giordano Bruno — sur ordre de l'Inquisition romaine —, brûlé au Campo de' Fiori le 17 février 1600, ou bien l'horrible supplice de Michel Servet à Genève en 1553, ordonné par Calvin, sur qui continuent de peser de manière écrasante les accusations courageusement lancées par Sébastien Castellion dans *Contre le libelle de Calvin* :

> Affirmer sa foi, ce n'est pas brûler un homme, c'est bien plutôt se faire brûler [...]. Tuer un

> homme, ce n'est pas défendre une doctrine, c'est tuer un homme. Quand les Genevois tuèrent Servet, ils ne défendirent pas une doctrine, ils tuèrent un homme.

Terrible paradoxe : au nom de la vérité absolue, on a infligé des violences en les faisant passer pour des souffrances nécessaires au bien de l'humanité. Mais, une fois encore, il revient à la littérature de fournir un antidote au fanatisme et à l'intolérance. Il s'agit pour elle d'illustrer le fait que, même dans le domaine du divin, la possession d'une vérité absolue finit en réalité par détruire toute religion et toute vérité : et c'est précisément ce dont témoignent d'une manière remarquable deux grands auteurs qui ont repris la même histoire chacun à sa manière — ce qui prouve combien une petite page littéraire peut parfois être plus efficace qu'une longue dissertation. Il s'agit de la fameuse nouvelle des trois anneaux, racontée par Boccace dans le *Décaméron* et récrite quatre cents ans plus tard au XVIII^e^ siècle par Lessing dans son drame intitulé *Nathan le sage*.

Dans la troisième nouvelle de la première journée du *Décaméron*, le célèbre Saladin, sultan du Caire, convoque à sa cour le riche Juif Melchisédech pour lui demander laquelle des trois religions (juive, chrétienne ou musulmane) est la vraie religion. Le Juif devine tout de suite le piège et, en homme « sage », il répond par une nouvelle à cette bien difficile question. Il raconte l'histoire d'un père qui lègue secrètement un anneau d'or pour désigner l'héritier le plus méritant. Et c'est ainsi que, de génération en génération, chacun des « élus » choisit à son tour un fils pour le distinguer, jusqu'au jour où un père est confronté à une difficulté, parce qu'il a élevé trois garçons obéissants et les a tous aimés pareillement : comment les récompenser tous les trois avec un seul anneau ? Le père commande alors secrètement à un orfèvre deux copies parfaites de l'original et, au moment de mourir, il donne un anneau à chacun des fils — lesquels s'en rendent compte après sa mort, au moment où chacun d'eux prétend revendiquer l'héritage :

> S'étant aperçus que les bagues se ressemblaient tellement qu'il était impossible de savoir quelle était l'originale, la question de savoir qui était le véritable héritier du père resta et reste encore en suspens. Ainsi en va-t-il de même, monseigneur, des trois Lois données par Dieu le Père aux trois peuples [...] : chacun croit être l'héritier direct, détenir donc la vraie Loi et obéir à ses commandements. Mais qui est dans le vrai ? Comme pour les bagues, la question n'a pas encore trouvé de réponse (I, 3, p. 77-78).

La réponse habile de Melchisédech, qui donne toute satisfaction à Saladin, montre que les hommes ne peuvent résoudre avec des moyens terrestres une question que Dieu seul pourrait trancher. Réélaborant d'une manière originale un thème déjà connu, Boccace appelle ici au respect mutuel, dans la tolérance et la coexistence civile. Ce difficile mais nécessaire équilibre sera de nouveau mis en valeur plusieurs siècles plus tard par Lessing dans l'un des chefs-d'œuvre de la littérature allemande : *Nathan le sage* (1778-1779). Là aussi, c'est à un Juif qu'il revient de raconter — encore plus en connaissance de cause que chez Boccace — la nouvelle des trois anneaux. Revendiquant chacun l'héritage, les trois fils se rendent chez un juge, qui conseille à chacun de laisser les choses en l'état et de considérer que l'anneau qu'il a reçu en cadeau est bien l'anneau authentique :

> Si chacun de vous tient son anneau de son père, alors que chacun tienne son anneau, en toute certitude, pour le vrai. — Peut-être votre père n'a-t-il pas voulu tolérer plus longtemps dans sa maison la tyrannie d'*un seul* anneau ? — Et il est sûr qu'il vous a tous trois aimés, et également aimés, puisqu'il s'est refusé à en opprimer deux pour ne favoriser qu'un seul. — Allons ! Que chacun, de tout son zèle,

> imite son amour incorruptible et libre de tout préjugé ! Que chacun de vous s'efforce à l'envi de manifester dans son anneau le pouvoir de la pierre ! (« [...] *Hat von / Euch jeder seinen Ring von seinem Vater / So glaube jeder sicher seinen Ring / Den echten. — Möglich ; daß der Vater nun / Die Tyrannei des einen Rings nicht länger / In seinem Hause dulden wollen ! — Und gewiß ; / Daß er euch alle drei geliebt, und gleich / Geliebt : indem er zwei nicht drucken mögen, / Um einen zu begünstigen. — Wohlan ! / Es eifre jeder seiner unbestochnen / Von Vorurteilen freien Liebe nach ! / Es strebe von euch jeder um die Wette, / Die Kraft des Steins in seinem Ring' an Tag / Zu legen !* [...] » — v. 2032-2044.)

L'impossibilité pour les hommes d'établir quelle est la vraie religion n'empêche pas cependant que chacun puisse vérifier l'efficacité de sa propre religion et mettre à l'épreuve la capacité de celle-ci à faire des prosélytes grâce à un témoignage d'amour, de solidarité et de paix.

Comme la philosophie, la religion doit elle aussi se transformer en un choix de vie, en une manière de vivre. Ainsi aucune religion ni aucune philosophie ne pourront-elles jamais prétendre détenir une vérité absolue et valable pour tous les êtres humains. Car croire qu'on possède la seule et unique vérité signifie qu'on se sentira tenu de l'imposer, y compris par la force, pour le bien de l'humanité. Le dogmatisme produit de l'intolérance dans tous les domaines du savoir : sur les plans éthique, religieux, politique, philosophique et scientifique, considérer sa propre vérité comme l'unique vérité possible revient à supprimer toute recherche de la vérité.

En effet, celui qui est sûr de détenir la vérité n'a plus besoin de la chercher, il ne ressent plus la nécessité de dialoguer, d'écouter l'autre, de se confronter authentiquement à la variété du multiple. Seul celui qui aime la vérité peut la rechercher constamment. Voilà pourquoi le doute n'est pas l'ennemi de la vérité, mais un aiguillon qui nous incite continuellement à la rechercher. Quand on croit vraiment en la vérité, on sait que le meilleur moyen pour la maintenir toujours en vie consiste justement à la mettre continuellement en doute. Donc, si on ne commence pas par refuser l'idée même d'une vérité absolue, il ne peut y avoir aucune place pour la tolérance.

Seules la conscience d'être destinés à vivre dans l'incertitude et la capacité de se considérer humblement comme des êtres faillibles nous permettent de concevoir une rencontre authentique avec les autres, avec ceux qui pensent d'une manière différente. Aussi la pluralité des opinions, des langues, des religions, des cultures et des peuples doit-elle être perçue comme une immense richesse de l'humanité, et non pas comme un dangereux obstacle.

Et voilà pourquoi ceux qui nient l'idée d'une vérité absolue ne doivent pas être considérés comme des nihilistes : situés à égale distance des dogmatiques (qui croient posséder la vérité absolue) et des nihilistes (qui nient l'existence de la vérité), ils aiment tant la vérité qu'ils sont continuellement à sa recherche. Ainsi, accepter la faillibilité de la connaissance, se confronter au doute et vivre en assumant le risque de l'erreur, ce n'est pas être partisan de l'irrationnel et de l'arbitraire, mais, à l'inverse, au nom du pluralisme, exercer notre droit à la critique et éprouver le besoin de dialoguer avec ceux qui se battent pour d'autres valeurs que les nôtres.

Ardent défenseur de la liberté de la presse contre toute forme de censure, John Milton nous rappelle qu'il faut voir la vérité comme une source d'eau vive :

> Il est bien connu d'un esprit habitué à considérer les choses que notre foi et notre connaissance prospèrent par l'exercice, comme nos membres et notre constitution. La vérité est comparée dans l'Écriture à une source vive ; si ses eaux ne coulent pas en un perpétuel courant,

> elles se corrompent en un étang embourbé de conformité et de tradition (p. 107).

Pour Milton, ceux qui recourent à la « justice armée » sous le prétexte de défendre la vérité ne font en réalité rien d'autre que la tuer définitivement. Et en tuant la vérité, ils finissent par tuer également la liberté. Réciproquement, quand on tue la liberté, on finit par supprimer toute possibilité de rechercher la vérité : « Ôtez-moi toutes les autres libertés ; mais laissez-moi celle de parler et d'écrire selon ma conscience » (p. 119). Car c'est cette liberté de discussion qui permet à l'homme de rassembler les fragments épars de la vérité :

> Chercher toujours ce que nous ne savons pas à partir de ce que nous savons, en ajoutant la vérité à la vérité à mesure que nous la trouvons (car tout son corps est homogène et proportionné), c'est la règle d'or en théologie comme en arithmétique (p. 112).

Il y aurait bien sûr beaucoup à dire encore. Faute de pouvoir conclure, je voudrais finir avec une très belle citation de Lessing dans laquelle, une fois de plus, l'accent est mis sur la nécessité de rechercher la vérité :

> La valeur de l'homme ne réside point dans la vérité qu'on possède ou prétend posséder, mais dans l'effort sincère qu'on fournit pour l'atteindre. Car les forces qui seules accroissent la perfectibilité humaine ne sont pas augmentées par la possession, mais par la recherche de la vérité. La possession rend tranquille, indolent, orgueilleux. Si Dieu, gardant dans sa main droite toute la vérité et ne tenant dans sa gauche que le désir toujours ardent de la vérité, me disait : « Choisis ! », au risque de me tromper à jamais et pour l'éternité, je m'inclinerais humblement vers sa main gauche et dirais : « Père, donne-moi cette main-là ; la vérité absolue n'appartient qu'à toi. »

Voilà bien des paroles, comme celles des autres auteurs que nous avons précédemment écoutés, qui sont propres à faire vibrer notre cœur, en témoignant combien la prétendue inutilité des classiques peut en réalité se révéler un instrument des plus utiles pour nous rappeler — à nous et aux générations futures, à tous les êtres humains prêts à se laisser enflammer — que la possession et le profit sont mortels, alors que la recherche déliée de toute obligation utilitariste peut rendre l'humanité plus libre, plus tolérante et plus humaine.

# Bibliographie

## Introduction

— Pierre Hadot, « La philosophie est-elle un luxe ? », in *id.*, *Exercices spirituels et philosophie antique*, préface d'Arnold I. Davidson, Paris, Albin Michel, 2002, p. 362-363.

— Stefano Rodotà, *Il diritto di avere diritti*, Rome – Bari, Laterza, 2012.

— Jean-Jacques Rousseau, *Discours sur les sciences et les arts*, in *id.*, *Œuvres complètes*, texte établi et annoté par François Bouchardy, t. III, Paris, Gallimard, 1964, p. 19.

— Denis Diderot, *Satire contre le luxe*, in *id.*, *Regrets sur ma vieille robe de chambre ou Avis à ceux qui ont plus de goût que de fortune* suivi de la *Satire contre le luxe*, Paris, Éditions de l'Éclat, 2011, p. 42.

— Charles Baudelaire, « L'albatros », in *Les Fleurs du mal*, in *id.*, *Œuvres complètes*, Paris, Gallimard, 1961, p. 10.

— Gustave Flaubert, *Les Pensées, suivies du Dictionnaire des idées reçues*, éd. Jean-Yves Clément, Paris, Le Cherche Midi, 1993, p. 190.

— Friedrich Hölderlin, « Souvenir », in *Œuvres*, sous la direction de Philippe Jaccottet, Paris, Gallimard, coll. « La Pléiade », p. 876. Sur la poésie de Hölderlin, cf. Martin Heidegger, *Hölderlin – Viaggi in Grecia*, édition bilingue de Tommaso Scapini, Milan, Bompiani, 2012.

— Charles Percy Snow, *The Two Cultures*, Cambridge, Cambridge University Press, 1963.

— Ilya Prigogine et Isabelle Stengers, *La Nouvelle Alliance*, Paris, Gallimard, 1979.

— Platon, *Le Banquet*, 175d, trad. fr. de Luc Brisson, Paris, GF-Flammarion, 1998, p. 92.

— Eugène Ionesco, « Communication pour une réunion d'écrivains français et allemands » [février 1961], in *id.*, *Notes et contre-notes*, Paris, Gallimard, 1962, p. 128-129.

— Okakura Kakuzô, *Le Livre du thé*, préface et postface de Sen Soshitsu XV, trad. fr. de Corinne Atlan et Zéno Bianu, Arles, Éditions Philippe Picquier, 2006, p. 111-112.

— Rainer Maria Rilke, *Lettres à un jeune poète*, trad. fr. de Marc Buhot de Launay, Paris, Gallimard, 1993, p. 45.

— Edmond Rostand, *Cyrano de Bergerac*, préface et commentaire de Claude Aziza, Paris, Presses Pocket, 1989, V, 6, p. 337.

— Eugène Ionesco, « Conversation avec les Cahiers libres de la jeunesse » [1960], in *id.*, *Notes et contre-notes*, *cit.*, p. 97-98.

— Pietro Barcellona, *Elogio del discorso inutile. La parola gratuita*, Bari, Dedalo, 2010, p. 15. Barcellona critique dans ce livre les discours dans lesquels on tend à ne mesurer que l'efficacité et l'utilité, sans tenir vraiment compte des conflits qui agitent les êtres humains.

— Pierre Lecomte du Noüy, « L'intelligence, les gestes inutiles, le mariage », in *id.*, *La Dignité humaine*, Paris, Fayard, 1967, p. 79-86 (le passage cité se trouve p. 79). Voir aussi *id.*, *L'Avenir de l'esprit*, Paris, Gallimard, 1941, IX, p. 204. Je n'ai évidemment cité Pierre Lecomte du Noüy que pour ses observations sur l'inutile : ses convictions religieuses et ses conclusions philosophiques, elles, sortent complètement du cadre de mon travail.

— Miguel Benasayag et Gérard Schmit, *Les Passions tristes. Souffrance psychique et crise sociale*, chapitre V, Paris, La Découverte, 2003, p. 91.

— Mario Vargas Llosa, *Éloge de la lecture et de la fiction : conférence du Nobel*, trad. fr. d'Albert Bensoussan, Paris, Gallimard, 2011.

— Oscar Wilde, *L'Éventail de lady Windermere*, acte II, in *id.*, *Œuvres*, trad. fr. de Jean-Michel

Déprats, Paris, Gallimard, coll. « La Pléiade », 1996, p. 1195. Voir aussi la préface au *Portrait de Dorian Gray*, *ibid.*, p. 348.

— Voltaire, *Le Mondain*, in *Les Œuvres complètes de Voltaire*, vol. XVI, critical editio by H. T. Mason, Oxford, Voltaire Foundation, 2003, v. 22, p. 296. Précisons que, chez Voltaire, le superflu ne se trouve pas seulement dans l'art et dans certaines valeurs libertines, mais devient aussi le fondement d'une apologie économique du luxe.

Pour une intéressante analyse du thème du superflu dans la littérature et dans l'art, voir les essais rassemblés dans *Le Superflu, chose très nécessaire*, sous la direction de Gaïd Girard, Rennes, Presses universitaires de Rennes, 2004.

— Eugène Ionesco, « Communication pour une réunion d'écrivains français et allemands » [février 1961], in *id.*, *Notes et contre-notes*, *cit.*, p. 126 et p. 128.

— Sur les autodafés de livres et sur la destruction de bibliothèques entières, voir Lucien X. Polastron, *Livres en feu. Histoire de la destruction sans fin des bibliothèques*, Paris, Denoël, 2004 (l'épisode chinois se trouve au chap. VI, p. 119) ; sur les bibliothèques et sur le lien entre livres et liberté, voir Luciano Canfora, *Libro e libertà*, Rome – Bari, Laterza, 1994.

— Benedetto Croce, « La fine della civiltà », in *id.*, *Filosofia e storiografia*, Naples, Bibliopolis, 2005, p. 285.

— Jorge Luis Borges, « La Muraille et les livres », in *Autres inquisitions*, in *id.*, *Œuvres complètes*, édition établie, présentée et annotée par Jean-Pierre Bernès, trad. fr. de Paul Bénichou, Sylvia Bénichou-Roubaud, Jean-Pierre Bernès et Roger Caillois, Paris, Gallimard, coll. « La Pléiade », t. I, 1993, p. 673.

— Cicéron, *Les Paradoxes des Stoïciens*, VI, 43, trad. fr. de Jean Molager, Paris, Les Belles Lettres, 1971, p. 124-125.

— Longin, *Du sublime*, présentation, trad. fr. et notes de Jackie Pigeaud, Paris, Rivages, coll. « Petite Bibliothèque », 1991.

— Giordano Bruno, *De immenso*, in *id.*, *Opera latine conscripta*, Florence – Naples, 1879-1891, vol. I, 1, p. 208.

— John Maynard Keynes, « Perspectives économiques pour nos petits-enfants », in *id.*, *Essais sur la monnaie et l'économie : les cris de Cassandre*, trad. fr. de Michel Panoff, Paris, Payot, 1971, p. 140. Pour une analyse de ces pages de Keynes publiées en 1930 (et, en particulier, sur la tendance utopique que l'on retrouve dans d'autres œuvres de l'économiste), voir les importantes réflexions de Guido Rossi (in John Maynard Keynes, *Possibilità economiche per i nostri nipoti*, essai suivi de Guido Rossi, *Possibilità economiche per i nostri nipoti ?*, Milan, Adelphi, 2009, p. 33-52).

— Georges Bataille, *La Limite de l'utile*, in *id.*, *Œuvres complètes*, Paris, Gallimard, coll. « NRF », 1976, t. VII.

— Georges Bataille, *Choix de lettres. 1917-1962*, édition établie, présentée et annotée par Michel Surya, Paris, Gallimard, 1997. La lettre du 25 octobre 1947 à Jérôme Lindon se trouve aux p. 377-379.

— George Steiner, préface à Rob Riemen, *La Noblesse de l'esprit : un idéal oublié*, trad. fr. de David Goldberg, Paris, Nil, 2009, p. 10-11.

— Italo Calvino, *Les Villes invisibles*, trad. fr. de Jean Thibaudeau, Paris, Seuil, 1974, p. 189.

— Italo Calvino, « Pourquoi lire les classiques », in *id.*, *Défis aux labyrinthes*, trad. fr. de Jean-Paul Manganaro et Michel Orcel, Paris, Seuil, 2001, vol. II, p. 131.

— Rob Riemen, « Prologue », in George Steiner, *Une certaine idée de l'Europe*, trad. fr. de Christine Le Bœuf, Arles, Actes Sud, 2005, p. 17.

## Première partie :
## L'utile inutilité de la littérature

—Victor Hugo, *Les Misérables*, IVᵉ partie, livre VIᵉ, chap. 2, in *id.*, *Œuvres complètes. Roman*, vol. II, Paris, Robert Laffont, 1985, p. 757.

**1.**

—Vincenzo Padula, « Le vocali. Ossia la prima lezione di mio padre », in *id.*, *Persone in Calabria*, introduzione di Carlo Muscetta, bibliografia a cura di Attilio Marinari, Manziana (Rome), Vecchiarelli, 1993, p. 22 et p. 25.

**3.**

— David Foster Wallace, *C'est de l'eau*, trad. fr. de Charles Recoursé, Paris, Au Diable Vauvert, 2010, p. 7-8 et p. 12.

**4.**

— Gabriel García Márquez, *Cent ans de solitude*, trad. fr. de Claude et Carmen Durand, Paris, Seuil, coll. « Points », 1995 [1968].

**5.**

— Dante Alighieri, *Banquet*, I, 9, éd. et trad. fr. de Christian Bec, Paris, Le Livre de poche, 1996, p. 200.

— Pétrarque, *Canzoniere/Chansonnier*, introduction, trad. fr. et notes de Pierre Blanc, Paris, Bordas, 1988, I, 7, p. 59.

**6.**

— Thomas More, *L'Utopie*, trad. fr. de Marie Delcourt, présentation de Simone Goyard-Fabre, Paris, GF-Flammarion, 1987.

— Tommaso Campanella, *La Cité du Soleil*, texte établi, traduit et commenté par Roland Crahay, Gembloux, Académie royale de Belgique, Classe des Lettres, 1993.

— Francis Bacon, *La Nouvelle Atlantide*, trad. fr. de Michèle Le Dœuff et Margaret Llasera, Paris, GF-Flammarion, 1995.

— Raymond Trousson, « Le développement de l'utopie moderne », in *id.*, *Voyages aux pays de nulle part : histoire littéraire de la pensée utopique*, Bruxelles, Université libre de Bruxelles, 1975, p. 82-83.

Cf. Henri Denis, « Le communisme de More et de Campanella », in *id.*, *Histoire de la pensée économique* [nouvelle édition revue et augmentée], Paris, PUF, 2008, IIe partie, chap. VI, § 4, p. 123-134.

**7.**

— Robert Louis Stevenson, *L'Île au trésor*, texte présenté, traduit et annoté par Marc Porée, Paris, Gallimard, coll. « Folio classique », 2000.

— Geminello Alvi, « Il capitale », in *id.*, *Il capitalismo : verso l'ideale cinese*, Venise, Marsilio, 2011, chap. XI, p. 191-193.

Sur Stevenson et la morale, voir les fines observations de Fernando Savater, « Stevenson e la morale », in *id.*, *Pirati e altri avventurieri. L'arte di raccontare storie*, Bagno a Ripoli (Florence), Passigli, 2010, p. 103-110.

On trouve également une brève allusion à l'intérêt de Jim pour la valeur non marchande des pièces de monnaie dans l'article italien de Wikipédia consacré à *L'Île au trésor*.

**8.**

—William Shakespeare, *Le Marchand de Venise*, trad. fr. de Jean-Michel Déprats, édition (bilingue) établie, présentée et annotée par Gisèle Venet, Paris, Gallimard, 2010.

Sur la littérature du Silène à la Renaissance, voir Nuccio Ordine, « L'âne comme les silènes : les apparences sont trompeuses », in *id.*, *Le Mystère de l'âne. Asinité et connaissance chez Giordano Bruno*, préface d'Eugenio Garin, trad. fr. de Françoise Liffran avec la collaboration de P. Bardoux, Paris, Les Belles Lettres, 2005, p. 99-107 (voir aussi, pour l'iconographie et la bibliographie, Nuccio Ordine, « L'herméneutique du Silène », in *id.*, *Le Seuil de l'ombre. Littérature, philosophie, peinture chez*

*Giordano Bruno*, préface de Pierre Hadot, Paris, Les Belles Lettres, 2003, p. 50-53).

Sur le thème du superflu, cf. Helen Moore, « Superfluity versus Competency in The Merchant of Venice », in *Le Superflu, chose très nécessaire, cit.*, p. 117-121.

Sur la mise en équivalence du corps et de l'argent, cf. John Drakakis, « Jew. "Shylock is my name" : Speech-prefixes », in *The Merchant of Venice as Symptoms of the Early Modern, in Shakespeare and Modernity. Early Modern to Millenium*, edited by Hugh Grady, Londres – New York, Routledge, 2000, p. 112-113 (cf. aussi Chiara Lombardi, *Mondi nuovi a teatro. L'immagine del mondo sulle scene europee di Cinquecento e Seicento : spazi, economia, società*, Milan, Mimesis, 2011, p. 113-137 — notamment la p. 126).

Sur l'opposition entre chrétiens et non-chrétiens (considérés comme des bêtes et des êtres démoniaques), cf. Michele Stanco, « Il contratto ebraico-cristiano : l'usura, la penale, il processo in *The Merchant of Venice* », in *id.*, *Il caos ordinato, Tensioni etiche e giustizia poetica in Shakespeare*, Rome, Carocci, 2009, p. 129-156.

À propos des réflexions de Marx sur Shylock, cf. Luciano Parinetto, « Marx e Shylock », in Luciano Parinetto et Livio Sichirollo, *Marx e Shylock : Kant, Hegel, Marx e il mondo ebraico, con una nuova traduzione di Marx*, La questione ebraica, Milan, Unicopli, 1982, p. 27-114 (la citation se trouve p. 46).

Franco Marenco, « Barabas-Shylock : ebrei o cristiani ? », in *Il personaggio nelle arti della narrazione*, dir. Franco Marenco, Rome, Edizioni di Storia e Letteratura, 2007, p. 169-189.

Sur l'éthique protestante du profit et sur les puritains anglais, cf. Max Weber, *L'Éthique protestante et l'esprit du capitalisme*,

**9.**

— Aristote, *Métaphysique*, A, 2, 982b, trad. fr. de Jules Barthélémy-Saint-Hilaire, revue par Paul Mathias, introduction et dossier de Jean-Louis Poirier, Paris, Presses Pocket, 1991, p. 45-46.

**10.**

— Platon, *Théétète*, trad. fr. de Michel Narcy, Paris, GF-Flammarion, 1994.

Sur le conflit, dans le *Théétète*, entre réussite en philosophie et échec dans la vie, cf. Paul Ricœur, *Être, essence et substance chez Platon et Aristote. Cours professé à l'Université de Strasbourg en 1953-1954*, texte vérifié et annoté par Jean-Louis Schlegel, Paris, Seuil, 2011, p. 47-48.

Sur le *topos* de Thalès dont la chute dans un puits suscite le rire de la servante thrace, cf. Hans

Blumenberg, *Le Rire de la servante thrace : une histoire des origines de la théorie*, trad. fr. de Laurent Cassagnau, Paris, L'Arche, 2000.

— Platon, *La République*, trad. fr. de Georges Leroux, Paris, GF-Flammarion, 2002.

Cf. Mario Vegetti, « Il regno filosofico », in Platone, *La Repubblica. Libro V*, traduzione e commento a cura di Mario Vegetti, Naples, Bibliopolis, 2000, vol. IV, p. 335-364.

**11.**

— Kant, *Critique de la faculté de juger*, première partie, première section, livre I, § 2 et 5, trad. fr. de Jean-René Ladmiral, Marc Buhot de Launay et Jean-Marie Vaysse, Paris, Gallimard, coll. « La Pléiade », 1985, t. II.

**12.**

— Ovide, *Les Métamorphoses*, trad. fr. de Georges Lafaye, Paris, Les Belles Lettres, 1983-1991, I, 131, p. 12.

— Ovide, *Pontiques*, éd. et trad. fr. de Jacques André, Paris, Les Belles Lettres, 1977.

Dans le commentaire le plus récent sur les *Pontiques*, la question de l'inutilité est à peine effleurée : cf. Ovid, *Epistulae ex Ponto. Book 1*, edited with introduction, translation and commentary by Jan Felix Gaertner, Oxford, Oxford University Press, 2005, p. 334.

**13.**

— Michel de Montaigne, *Saggi*, traduzione di Fausta Garavini, note di André Tournon, testo francese a fronte a cura di André Tournon, Milan, Bompiani, 2012. La citation de Garavini se trouve à la p. VII de sa préface.

Voir l'important essai d'André Tournon, *« Route par ailleurs » : le « nouveau langage » des* Essais, Paris, Champion, 2006, p. 113.

**14.**

— Giacomo Leopardi, *La Pensée dominante, Palinodie au marquis Gino Capponi, Le Genêt*, in *id.*, *Canti*, préface de Jean-Michel Gardair, trad. fr. de F.-A. Aulard, Juliette Bertrand, Philippe Jaccottet et Georges Nicole, Paris, Gallimard, coll. « Poésie », 1982.

Pour une analyse du programme du *Spettatore Fiorentino* et du thème de l'inutilité, cf. Gino Tellini, *Leopardi*, Rome, Salerno editrice, 2001, p. 219-236.

**15.**

— Théophile Gautier, préface à *Mademoiselle de Maupin*, introduction de Geneviève Van den Bogaert, Paris, GF-Flammarion, 1966. Pour un commentaire approfondi, voir aussi Théophile Gautier, *La Préface de « Mademoiselle de Maupin »*, édition critique par Georges Matoré, Paris, Droz, 1946.

— Jean Starobinski, « L'éblouissement devant la légèreté, ou le triomphe du clown », in *id.*, *Portrait de l'artiste en saltimbanque*, Paris, Gallimard, 2004 [Genève, Skira, 1970], p. 28 (Starobinski analyse les métaphores employées par les écrivains pour expliquer les traits essentiels de leur propre poétique).

— Théophile Gautier, préface à *Albertus ou l'Âme et le péché, légende théologique*, Paris, Paulin, 1833.

**16.**

— Charles Baudelaire, *Les Fleurs du mal*, *Mon cœur mis à nu* et *Fusées*, in *id.*, *Œuvres complètes*, Paris, Gallimard, coll. « La Pléiade », 1961.

**17.**

— John Locke, *Quelques pensées sur l'éducation*, traduction de Gabriel Compayré, introduction et notes de Jean Chateau, Paris, Vrin, 1966, § 174, p. 231-232.

Sur les critiques de Locke contre la pédagogie rhétorique de son temps, voir Carlo Augusto Viano, *John Locke*, Turin, Einaudi, 1960, p. 539. Sur la conception lockienne du *gentleman* fondée sur les savoirs utiles, cf. Ernesto Fagiani, *Nel crepuscolo della probabilità. Ragione ed esperienza nella filosofia sociale di John Locke*, Naples, Bibliopolis, 1983, p. 29-47.

**18.**

— Boccace, *Décaméron*, introduction de la 4e journée, trad. fr., introduction et notes sous la direction de Christian Bec, Paris, Le Livre de poche, 1994, p. 335.

**19.**

— Pablo Neruda, *Venti poesie d'amore e una canzone disperata*, con una testimonianza di Federico García Lorca, a cura di Giuseppe Bellini, Florence, Passigli, 2010, p. 11.

**20.**

— Miguel de Cervantès, *L'Ingénieux hidalgo Don Quichotte de la Manche*, trad. fr. d'Aline Schulman, Paris, Seuil, coll. « Points », 1997.

Le rapprochement entre le *Don Quichotte* et les événements de la place Tian'anmen à Pékin a fait l'objet d'un débat dans l'émission *Le Storie* diffusée en Italie sur la chaîne Rai Tre le 16 avril 2013. À la demande de Corrado Augias, j'y ai réfléchi sur la célèbre image du jeune homme qui, de ses bras ouverts, barre la route aux chars de l'armée.

**21.**

— Charles Dickens, *Temps difficiles*, chapitres I, II et V, in *id.*, *Dossier de la maison Dombey et Fils – Temps difficiles*, trad. fr. d'Andhrée Vaillant, Paris,

Gallimard, coll. « La Pléiade », 1956, p. 1006, p. 1027, p. 1028.

22.

— Martin Heidegger, *Séminaires de Zurich*, édités par Medard Boss, trad. fr. de Caroline Gros, Paris, Gallimard, 2010, p. 228.

23.

— Tchouang-tseu, *L'Œuvre complète*, chapitres IV et XXVI, in *Philosophes taoïstes*, trad. fr. de Liou Kia-hway et Benedykt Grynpas, Paris, Gallimard, coll. « La Pléiade », 1980, t. I, p. 117 et p. 299.

— Okakura Kakuzô, *Le Livre du thé*, *cit.*, p. 111-112.

24.

— Eugène Ionesco, « Communication pour une réunion d'écrivains français et allemands » [février 1961], *cit.*, p. 128-129.

25.

— Italo Calvino, *Les Aventures de trois horlogers et de trois automates*, in *id.*, *Défis aux labyrinthes*, *cit.*, t. I, p. 473.

Sur l'intérêt de Calvino pour la science, cf. Massimo Bucciantini, *Italo Calvino e la scienza*, Rome, Donzelli, 2007.

**26.**

— Émile Cioran, *Précis de décomposition*, « La superbe inutilité », in *id.*, *Œuvres*, Paris, Gallimard, coll. « Quarto », 1979, p. 592.

— Émile Cioran, *Écartèlement*, « Ébauches de vertige », in *id.*, *Œuvres*, *cit.*, p. 1452 et p. 1480.

## Deuxième partie : L'université-entreprise et les étudiants-clients

— Albert Einstein, *Lettre à Carl Seelig* (11 mars 1952, ethz.ch, AE 39-013).

**1.**

— Martha Nussbaum, *Les Émotions démocratiques. Comment former les citoyens du XXI*e *siècle ?*, Paris, Flammarion, 2011.

Pour une défense des savoirs humanistes, voir aussi le bel ouvrage collectif intitulé *A che serve la Storia. I saperi umanistici alla prova della modernità*, sous la direction de Piero Bevilacqua, Rome, Donzelli, 2011.

**2.**

— Simon Leys, « Une idée de l'université », in *id.*, *Le Studio de l'inutilité*, Paris, Flammarion, 2012, p. 288 (dans cet essai final, ainsi que dans les premières pages, Leys formule de très intéressantes idées sur le thème de l'inutilité).

**3.**

— Marc Fumaroli, « Le Accademie come beni comuni dell'umanità », in *Uno scandalo internazionale*, Naples, Istituto Italiano per gli Studi Filosofici, 2012, p. 13-16 (sur la naissance du Collège de France, cf. *Les Origines du Collège de France. 1500-1560*, sous la direction de Marc Fumaroli, Paris, Klincksieck, 1998).

— Montesquieu, *Mes Pensées*, in *id.*, *Œuvres complètes*, Paris, Seuil, coll. « L'Intégrale », 1964, t. VII, § 11, p. 855.

4.

—Victor Hugo, « Question des encouragements aux Lettres et aux Arts », 10 novembre 1848, in *id.*, *Actes et Paroles*, Paris, Albin Michel, 1937-1940, t. I.

5.

— Alexis de Tocqueville, *De la démocratie en Amérique*, biographie, préface et bibliographie par François Furet, Paris, Flammarion, 1981, t. II.

On pourra aussi consulter les divers essais dans lesquels Marc Fumaroli souligne l'importance des critiques de Tocqueville contre la recherche excessive de l'utilité.

6.

— Alexandre Herzen, *Passé et méditations*, t. II, V$^{e}$ partie : « Paris-Italie-Paris (1847-1852) », « Arabesques orientales », Cahier second. Post-scriptum, trad. fr. de Daria Olivier, Lausanne, Éditions L'Âge d'Homme, coll. « Classiques slaves », 1974, p. 404, p. 408, p. 407, p. 406.

**7.**

— Georges Bataille, *La Limite de l'utile*, *cit.*

— Georges Bataille, *Choix de lettres. 1917-1962*, *cit.* ; les extraits de la lettre à Jérôme Lindon se trouvent aux p. 377-378.

Pour une analyse des positions de Bataille sur l'économie, cf. Giovambattista Vaccaro, « Per un'economia della distruzione », in *Al di là dell'economico. Per una critica filosofica dell'economia*, sous la dir. de G. Vaccaro, Milan, Mimesis, 2008, p. 15-42.

**8.**

— John Henry Newman, *L'Idée d'université, définie et expliquée (les discours de 1852)*, trad. fr. d'Edmond Robillard et de Maurice Labelle, Paris, Desclée De Brouwer, 1968. Pour chaque citation, j'ai indiqué le discours, le paragraphe et la page.

**9.**

— John Locke, *Quelques pensées sur l'éducation*, *cit.*, § 164, p. 216.

— Antonio Gramsci, *Cahiers de prison 10/11/12/13*, avant-propos, notices et notes de Robert Paris, trad. fr. de Paolo Fulchignoni, Gérard Granet et Nino Negri, Paris, Gallimard, 1978, cahier 12 (XXIX), p. 339.

— Parmi les nombreux ouvrages consacrés à la défense du latin et des langues classiques en général, voir au moins : Wilfried Stroh, *Le Latin est mort, vive le latin. Petite histoire d'une grande langue*, Paris, Les Belles Lettres, 2008 ; *Sans le latin…*, sous la direction de Cécilia Suzzoni et Hubert Aupetit, Paris, Mille et une nuits, 2012 (ce recueil de conférences contient notamment la contribution d'Yves Bonnefoy, « Le latin, la démocratie, la poésie », p. 385-393). Sur le lien entre philologie et liberté, voir Luciano Canfora, *Filologia e libertà*, Milan, Mondadori, 2008 (sur Giorgio Pasquali, en particulier, voir p. 12-13). Sur les conséquences désastreuses que doit subir une culture qui perd la mémoire des langues classiques, voir Luciano Canfora, « Difendere l'insegnamento del latino non è una battaglia di retroguardia », in *Corriere della sera*, 11 juin 2012, p. 32.

**11.**

— George Steiner, *Maîtres et disciples*, trad. fr. de Pierre-Emmanuel Dauzat, Paris, Gallimard, 2003, p. 27. George Steiner a écrit certaines pages fondamentales pour la défense des classiques contre l'invasion de la littérature secondaire — notamment dans *Réelles présences. Les arts du sens*, Paris, Gallimard, 1991 ; *Passions impunies*, Paris, Gallimard, 1997 ; *Poésie de la pensée*, Paris, Gallimard, 2011.

— Max Scheler, *Le Sens de la souffrance. Suivi de deux autres essais* [*Repentir et renaissance* et *Amour et connaissance*], trad. fr. de Pierre Klossowski, Paris, Fernand Aubier, [s. d.], p. 139 (la citation est tirée d'une lettre de Goethe à Friedrich Heinrich Jacobi datée du 10 mai 1812 : cf. Johann Wolfgang von Goethe, *Sämtliche Werke. Briefe, Tagebücher und Gespräche*, Band. VII [34], *Napoleonische Zeit [10. Mai 1805 – 6. Juni 1816]*, Frankfurt am Main, Deutscher Klassiker Verlag, 1994, p. 59).

**12.**

Parmi tous les auteurs qui ont écrit sur le conflit entre le Warburg et l'université de Londres, citons notamment Anthony Grafton et Jeffrey Hamburger, « Save the Warburg », in *New York Review of Books*, vol. LVII, number 14, 30 September 2010, p. 72-74 ; la revue *Common Knowledge* (18.1, Winter 2012) a publié un numéro spécial, contenant diverses contributions, dont celles du directeur du Warburg, Peter Mack, et de la responsable de la bibliothèque, Jill Kraye.

L'affaire de la bibliothèque de l'Istituto Italiano per gli Studi Filosofici de Naples a été suivie par les médias (journaux, stations de radio, chaînes de télévision) italiens et étrangers. Le *Corriere della sera* a, en particulier, consacré de nombreux articles (durant la période du 24-31 août, puis le 1er, le 6 et le 10 septembre 2012) aux malheureux livres de l'institut napolitain.

La lettre du cardinal Bessarion est citée par Eugenio Garin dans *La Renaissance : histoire d'une révolution culturelle*, Verviers, Gérard et Cie, coll. « Marabout Université », 1970, p. 52.

**14.**

— Sur l'article publié par Arturo Casadevall dans la revue *Proceedings of the National Academy of Sciences*, voir le commentaire d'Eugenia Tognotti, « Scienziati con il vizio della truffa », in *La Stampa*, 6 octobre 2012, p. 1.

**15.**

— *Ioannis Stobaei Anthologii libri duo priores qui inscribi solent Eclogae Physicae et Ethicae*, recensuit Curt Wachsmuth, Berlin, 1884, vol. II, 228, 25-29 (cap. XXXI [sur l'instruction et l'éducation], 114).

— Plutarque, *Marcellus*, in *id.*, *Vies parallèles*, XVII, 5-7, sous la direction de François Hartog, trad. fr. d'Anne-Marie Ozanam, Paris, Gallimard, coll. « Quarto », 2001, p. 583.

Sur l'interprétation controversée de l'anecdote d'Euclide et du témoignage de Plutarque, cf. Lucio Russo, *La rivoluzione dimenticata. Il pensiero greco e la scienza moderna*, prefazione di Marcello Cini, Milan, Feltrinelli, 2010, p. 232-240 ; voir aussi

Paolo Rossi, *Les Philosophes et les machines, 1400-1700*, trad. fr. de Patrick Vighetti, Paris, PUF, 1996, p. 87.

**16.**

— Henri Poincaré, *La Valeur de la science*, Paris, Flammarion, 1970, IIe partie (« Les sciences physiques »), chapitre V (« L'analyse et la physique »).

— Juvénal, *Satires*, VIII, 83-84, trad. fr. Pierre de Labriolle et François de Villeneuve, Paris, Les Belles Lettres, 1962, p. 105.

Pour une analyse psychanalytique de ce vers chez Kant, Claudel et Lacan, cf. Alenka Zupančič, *Ethics of the Real : Kant, Lacan*, Londres – New York, Verso, introduction, p. 5.

— Henri Poincaré, *Science et méthode*, Paris, Kimé, 1999.

## TROISIÈME PARTIE :
## Posséder tue

— Michel de Montaigne, *Saggi*, *cit.*, I, 42, p. 470.

### 1.

— Michel de Montaigne, *Saggi*, *cit.*

### 2.

— Hippocrate, *Sur le rire et la folie*, préface, trad. fr. et notes d'Yves Hersant, Paris, Rivages, 1991.

— Sénèque, *Lettres à Lucilius*, in *id.*, *Entretiens. Lettres à Lucilius*, éd. Paul Veyne, trad. fr. d'Henri Noblot (revue par Paul Veyne), Paris, Robert Laffont, coll. « Bouquins », 1993.

— Giovanni Pico della Mirandola, *De la dignité de l'homme/De hominis dignitate* [4e éd.], trad. fr. et présentation d'Yves Hersant, Paris, Éditions de l'Éclat, 2005.

— Leon Battista Alberti, *Avantages et inconvénients des lettres*, trad. fr. de Christophe Carraud et Rebecca Lenoir, préface de Giuseppe Tognon, présentation et notes de Christophe Carraud, Grenoble, éd. Jérôme Millon, 2004.

— Longin, *Du sublime*, *cit.*

**3.**

— Antoine de Saint-Exupéry, *Citadelle*, LV, in *id.*, *Œuvres complètes*, Paris, Gallimard, coll. « La Pléiade », 1999, t. II, p. 500.

— Michel Serres, *Le Mal propre : polluer pour s'approprier ?*, Paris, Le Pommier, 2008, p. 35.

— L'Arioste, *Roland furieux*, édition bilingue, trad. fr. et notes d'André Rochon, Paris, Les Belles Lettres, 2002, t. IV.

— Virgile, *L'Énéide*, III, 56-57, présentation et trad. fr. de Paul Veyne, Paris, Albin Michel – Les Belles Lettres, 2012, p. 85.

— Miguel de Cervantès, *L'Ingénieux hidalgo Don Quichotte de la Manche*, *cit.*

— Denis Diderot, *Supplément au Voyage de Bougainville*, éd. Michel Delon, Paris, Gallimard, 2002, III, p. 55.

— Rainer Maria Rilke, *Poesie. I (1895-1908)*, edizione con testo a fronte, a cura di Giuliano Baioni, commento di Andreina Lavagetto, Turin, Einaudi, 1994, p. 782 (la citation est tirée de la lettre du 9 mars 1899, adressée à Elena Voronina).

**4.**

— Platon, *Le Banquet*, 201d-212c, *cit.*, p. 137-159.

— Giordano Bruno, *De immenso*, *cit.* Sur ce passage du *De immenso* et sur le rapport entre quête philosophique et quête amoureuse, cf. Nuccio Ordine, *Le Seuil de l'ombre. Littérature, philosophie et peinture chez Giordano Bruno*, préface de Pierre Hadot, trad. fr. de Luc Hersant, Paris, Les Belles Lettres, 2003, p. 187-239 (la citation du *De immenso* est commentée à la p. 207, note 46).

— Giordano Bruno, *Le Souper des Cendres*, texte établi par Giovanni Aquilecchia, trad. fr. d'Yves Hersant, introduction par Adi Ophir, Paris, Les Belles Lettres, p. 92-94.

— Michel de Montaigne, *Saggi*, *cit.*, III, 8, p. 1720-1723.

— Érasme, *Plaidoyer pour la paix* [*Querela pacis*], présentation et trad. fr. de Chantal Labre, Paris, Arléa, 2002, p. 43-44.

— Sébastien Castellion, *Contre le libelle de Calvin après la mort de Michel Servet*, présentation, trad. fr. et notes d'Étienne Barilier, Carouge – Genève, Éditions Zoé, 1998, p. 129 et p. 161.

— Boccace, *Décaméron*, *cit.*

— Gotthold Ephraim Lessing, *Nathan le sage*, présentation et notes d'Anne Lagny, trad. fr. de Robert Pitrou, Paris, Éditions Aubier, collection bilingue, 1993.

— John Milton, *Aeropagitica*, in *id.*, *Écrits politiques*, trad. fr. de Marie-Madeleine Martinet, Paris, Belin, 1993.

Sur le doute comme moyen de stimuler la recherche de la vérité, voir Gustavo Zagrebelsky, *Contro l'etica della verità*, Rome – Bari, Laterza, 2009.

Sur le thème du relativisme, Umberto Eco s'est prononcé à plusieurs reprises avec sa clarté coutumière : je voudrais au moins signaler son article intitulé « Assoluto e relativo : una storia infinita », paru dans *La Repubblica* des 10-11 juillet 2007 (il s'agit du texte de la leçon donnée le 9 juillet au festival de la *Milanesiana* 2007, conçu et dirigé par Elisabetta Sgarbi). On trouvera également une importante défense du relativisme chez Giulio Giorello, *Di nessuna chiesa. La libertà del laico*, Milan, Cortina, 2005.

— Gotthold Ephraim Lessing, *Eine Duplik* (1778), in *Werke*, éd. Herbert G. Göpfert, Munich, Hanser, 1979, t. VIII, p. 32-33.

APPENDICE

ABRAHAM FLEXNER

# DE L'UTILITÉ DU SAVOIR INUTILE

*Traduction de Patrick Hersant*

Abraham FLEXNER, *The Usefulness of Useless Knowledge*, in « HARPER'S MAGAZINE », october 1939, p. 544-552.

# I

N'est-il pas curieux que, dans un monde pétri de haines insensées qui menacent la civilisation elle-même, des hommes et des femmes de tout âge, s'arrachant en partie ou totalement au furieux tumulte de la vie quotidienne, choisissent de cultiver la beauté, d'accroître le savoir, de soigner les maladies et d'apaiser les souffrances, comme si, au même moment, des fanatiques ne se vouaient pas au contraire à répandre la douleur, la laideur et la souffrance ? Le monde a toujours été un lieu de misère et de confusion ; or les poètes, les artistes et les scientifiques ignorent les facteurs qui auraient sur eux, s'ils y prenaient garde, un effet paralysant. D'un point de vue pratique, la vie intellectuelle et spirituelle est, en surface, une forme d'activité inutile, que les hommes apprécient parce qu'ils y trouvent plus de satisfactions qu'ils n'en peuvent obtenir ailleurs. On se demandera ici dans quelle mesure la poursuite de ces satisfactions inutiles s'avère en réalité, contre toute attente, la source dont procède une utilité insoupçonnée.

On entend répéter *ad nauseam* que notre époque, trop matérialiste, devrait veiller à une meilleure répartition des chances et des biens matériels. La révolte justifiée de ceux que le hasard seul a privés de ces chances et de ces biens matériels détourne ainsi un nombre croissant d'étudiants des études que leurs pères ont poursuivies, au profit de l'étude non moins essentielle et urgente des problèmes sociaux, économiques et gouvernementaux. Cette tendance ne me contrarie en rien. Le monde où nous vivons est le seul dont nos sens puissent nous rendre compte. Si l'on n'en fait pas un monde meilleur, un monde plus juste, alors des millions d'humains continueront d'avancer doucement vers leur tombe, silencieux, amers et affligés. J'ai longtemps regretté que nos écoles ne tiennent pas suffisamment compte du monde réel, celui où leurs élèves sont voués à passer leur vie. Or, il m'arrive de me demander si la tendance ne s'est pas inversée, et si l'on peut encore espérer s'épanouir dans un monde dépouillé de certaines choses « inutiles » qui lui donnent une portée spirituelle ; si, en d'autres termes, notre conception de l'utile n'est pas devenue trop étroite pour s'accorder aux facultés capricieuses et vagabondes de l'esprit humain.

On peut aborder cette question sous deux angles différents : le scientifique et l'humaniste (ou le spirituel). Commençons par le premier. Je me rappelle une conversation avec George Eastman à ce sujet — l'utile et l'inutile —, il y a de cela quelques années. Cet homme sage, aimable et clairvoyant, doué d'un goût musical et artistique des plus raffinés, comptait profiter de son immense fortune pour promouvoir l'enseignement de sujets utiles. Je pris sur moi de lui demander quel était, selon lui, l'homme le plus utile au monde dans le domaine scientifique. Il me répondit sans hésiter : « Marconi ! » Je rétorquai alors, à sa grande surprise : « Quelque plaisir que nous puissions tirer de la radio, et aussi précieuses que nous soient la radio et la TSF, l'apport de Marconi m'apparaît négligeable. »

Je n'oublierai jamais sa stupéfaction. Comme il me pressait de m'expliquer, je lui répondis en ces termes : « Cher monsieur Eastman, Marconi était inévitable. À supposer que l'on puisse assigner à un unique individu un mérite si fondamental, alors il faut le porter au crédit de Clerk Maxwell, qui a effectué en 1865 des calculs complexes et abscons dans le domaine du magnétisme et de l'électricité. Maxwell a publié ses équations abstraites dans un traité de 1873. La même année, lors du congrès de la Société britannique pour l'avancement de la science, un professeur d'Oxford nommé H. S. Smith déclarait que « pas un mathématicien ne saurait parcourir ces volumes sans comprendre qu'ils contiennent une théorie qui a déjà beaucoup apporté aux méthodes et aux ressources des mathématiques pures ». Au cours des quinze années suivantes, d'autres découvertes vinrent s'ajouter aux travaux théoriques de Maxwell. En 1887 et en 1888, enfin, le seul problème scientifique toujours en suspens — comment détecter et démontrer l'existence des ondes électromagnétiques qui transportent les signaux sans fil — fut résolu par Heinrich Hertz, assistant du professeur Helmholtz à Berlin. Ni Maxwell ni Hertz ne se souciaient en rien de l'utilité de leurs travaux : cette pensée ne leur était jamais venue à l'esprit. Ils n'avaient pas d'objectif pratique. Au sens juridique du terme, l'inventeur est naturellement Marconi ; mais qu'a-t-il réellement inventé ? Rien d'autre que le tout dernier détail technique, ce récepteur radio obsolète que l'on nomme cohéreur et qui est universellement abandonné de nos jours. »

Hertz et Maxwell n'ont peut-être rien inventé, mais ce sont leurs vains travaux théoriques qui, inspirant tel habile technicien, ont permis de créer un nouveau mode de communication et une nouvelle source d'utilité et d'amusement qui ont valu à d'autres, dont les mérites peuvent sembler bien minces par comparaison, la gloire et la fortune. Qui sont les hommes utiles dans cette affaire ? Non pas Marconi, mais Clerk Maxwell et Heinrich Hertz, deux génies dépourvus de toute intention utilitaire. Marconi, lui, était un habile inventeur ayant l'utilité pour seul horizon.

La mention du nom de Hertz ayant rappelé à M. Eastman l'existence des ondes hertziennes, je lui suggérai d'interroger les physiciens de l'université de Rochester quant à la nature exacte des travaux de Hertz et de Maxwell ; mais je l'assurai moi-même qu'aucun de ces deux savants n'avait jamais eu l'utilité pour principe directeur, et que, dans toute l'histoire des sciences, la plupart des grandes découvertes qui allaient s'avérer bénéfiques pour l'humanité étaient l'œuvre d'hommes et de femmes mus, non par leur désir d'être utiles, mais par la simple envie de satisfaire leur curiosité.

– Leur curiosité ? demanda M. Eastman.

– Oui, répondis-je ; la curiosité, qu'elle engendre ou non quelque chose d'utile, est sans doute le trait le plus saillant de la pensée moderne. Rien de nouveau là-dedans : ce principe remonte à Galilée, à Bacon, à Isaac Newton, et il convient de lui laisser libre cours. Les institutions scientifiques doivent s'efforcer de le cultiver. Moins elles seront accaparées par des considérations d'utilité immédiate, plus elles contribueront au bien-être de l'humanité, mais aussi, ce qui n'est pas moins essentiel, à la satisfaction de cette curiosité intellectuelle qui semble être la passion dominante de la vie intellectuelle des temps modernes.

## II

Ce qui est vrai de Heinrich Hertz travaillant en toute discrétion dans un coin du laboratoire de Helmholtz, dans les dernières années du XIXe siècle, s'applique depuis des siècles aux scientifiques et aux mathématiciens du monde entier. Le monde que nous habitons serait désarmé sans électricité. S'il fallait citer une découverte dont l'usage pratique soit le plus étendu et le plus immédiat, nombre d'entre nous évoqueraient sans doute l'électricité. Mais à qui doit-on les découvertes fondamentales qui ont rendu possible son développement sur plus d'un siècle ?

La réponse est digne d'intérêt. Fils de forgeron, Michael Faraday était apprenti chez un libraire-relieur quand un ami l'emmena écouter à la Royal

Institution quatre conférences de chimie données par Humphrey Davy. Le jeune homme de vingt et un ans ayant adressé une copie de ses notes au conférencier, il obtint dès l'année suivante un poste d'assistant dans le laboratoire de chimie de Davy, qu'il accompagna deux ans plus tard dans son voyage en Europe. En 1825, à trente-quatre ans, il fut nommé directeur du laboratoire de la Royal Institution, poste qu'il devait occuper cinquante-quatre années.

Délaissant la chimie au profit de l'électricité et du magnétisme, Faraday consacra le reste de sa vie active à ces deux champs de recherche. Œrsted, Ampère et Wollaston avaient déjà effectué dans ce domaine des travaux importants, quoique obscurs ; venu à bout des difficultés qu'ils laissaient en héritage, Faraday découvrit en 1841 l'induction du courant électrique. La découverte des effets d'un champ magnétique sur la lumière polarisée, quatre ans plus tard, inaugure la deuxième grande période de sa carrière, non moins brillante que la première. Ses premières découvertes ayant donné lieu à une infinité d'applications pratiques, l'électricité parvint à alléger le fardeau de la vie moderne et à en démultiplier les possibilités. Ses découvertes tardives, en revanche, ont suscité moins de résultats pratiques à ce jour. Quelle différence pour Faraday ? Aucune. Il n'a jamais, à aucun moment de sa carrière exceptionnelle, manifesté le moindre intérêt pour l'utilité éventuelle de ses découvertes. Soucieux de percer les grandes énigmes de l'univers, d'abord en chimie, puis en physique, il ne s'est jamais posé la question de leur utilité – cela n'eût fait que restreindre le champ de son insatiable curiosité. Ses travaux se sont avérés utiles après coup, mais jamais ses incessantes expériences n'ont été soumises à ce critère-là.

Dans l'atmosphère où baigne le monde aujourd'hui, il semble opportun de souligner que le rôle de la science dans l'évolution de la guerre, toujours plus horrible et destructrice, est un effet secondaire imprévu de l'activité scientifique. Lord Rayleigh, président de la Société britannique pour l'avancement de la science, rappelait encore récemment que c'est la folie des hommes, et non la volonté des scientifiques, qui est responsable de l'usage destructeur des agents chimiques utilisés dans la guerre moderne. L'innocente étude des dérivés du carbone, qui a produit tant de résultats bénéfiques, montre que l'action de l'acide nitrique sur certaines substances (benzène, glycérine, cellulose, etc.), a certes inspiré la profitable industrie de la teinture d'aniline, mais aussi la création de la nitroglycérine, dont l'usage peut être bienfaisant aussi bien que délétère. Un peu plus tard, dans le même domaine, Alfred Nobel a montré qu'en mêlant la nitroglycérine à d'autres substances on obtenait un explosif solide et manipulable – la dynamite, par exemple. C'est à cet explosif que nous devons les avancées de l'extraction minière, mais aussi le percement de tunnels routiers comme ceux qui traversent aujourd'hui les Alpes et autres chaînes montagneuses ; mais nous savons aussi que politiciens et militaires en ont fait un usage abusif. On ne saurait pourtant en faire grief aux scientifiques, pas plus qu'on ne saurait leur reprocher les séismes et les inondations. Il en va de même pour les gaz toxiques. Pline est mort asphyxié, il y a près de deux mille ans, par le dioxyde de soufre émis par le Vésuve en éruption. Ce n'est pas à des fins guerrières que les scientifiques ont isolé le chlore ou synthétisé le gaz moutarde. On pourrait fort bien s'en tenir aux effets bénéfiques de ces substances, mais, quand l'aéroplane a été mis au point, des hommes au cœur empoisonné et à la cervelle troublée ont compris que cette innocente invention, fruit de longs efforts scientifiques désintéressés, pouvait se muer en instrument de destruction. Pourtant, personne ne l'avait rêvé ni conçu comme tel.

Dans le domaine des mathématiques avancées, les exemples ne manquent pas. La découverte mathématique la plus complexe des XVIII^e et

XIXe siècles, par exemple, est sans doute la « géométrie non euclidienne » ; or son inventeur, Gauss, quoique tenu par ses contemporains pour un mathématicien hors pair, n'osa pas publier ses travaux sur la « géométrie non euclidienne » pendant un quart de siècle. En fait, la théorie de la relativité elle-même, avec ses innombrables applications pratiques, eût été absolument impensable sans les travaux de Gauss à Göttingen. De même, ce que l'on nomme aujourd'hui la « théorie des groupes » fut d'abord une théorie mathématique abstraite et inapplicable. Elle fut élaborée par des hommes curieux, que leur indolente curiosité mena sur des voies inattendues ; aujourd'hui, pourtant, la « théorie des groupes » est le fondement de la théorie quantique de la spectroscopie, utilisée chaque jour par des personnes qui n'ont pas la moindre idée de sa genèse.

Le calcul des probabilités est l'œuvre de mathématiciens qui cherchaient en réalité à rationaliser les jeux de hasard. S'ils n'ont pas atteint le but spécifique qu'ils s'étaient fixé, leur travail a servi de base scientifique à des contrats d'assurance et à des pans entiers de la physique du XIXe siècle.

Je voudrais citer ici une page de la revue *Science* :

La réputation du professeur Albert Einstein semble avoir atteint de nouveaux sommets depuis qu'il a été porté à l'attention du public que ce physicien et mathématicien de génie aurait conçu, il y a quinze ans de cela, des opérations mathématiques qui contribuent aujourd'hui à éclaircir le mystère de l'incroyable fluidité de l'hélium à des températures proches du zéro absolu. Lors d'un congrès sur l'activité intermoléculaire organisé par la Société américaine de chimie, le professeur F. London, enseignant à l'université de Paris et actuellement professeur invité à l'université Duke, a attribué au professeur Einstein l'invention du concept de gaz « idéal », dont ce dernier livre une description dans plusieurs articles publiés en 1924 et en 1925.

À cette époque, les recherches d'Einstein ne portaient pas sur la théorie de la relativité mais sur des problèmes qui semblaient alors dépourvus de tout intérêt pratique. Einstein décrivait la dégénérescence d'un gaz « idéal » à l'approche des très basses températures. Or, à de telles températures, tout gaz se liquéfie par condensation ; ce phénomène étant bien connu, les scientifiques de l'époque n'ont guère prêté d'attention aux travaux d'Einstein.

Avec la récente découverte du comportement de l'hélium liquide, toutefois, l'idée d'Einstein refait surface et s'avère d'une utilité jusqu'alors insoupçonnée. En refroidissant, la plupart des liquides gagnent en viscosité, se font plus collants et s'écoulent moins aisément. L'expression « froid comme de la mélasse en hiver » reflète la conception, tout à fait correcte, que se fait tout un chacun de la viscosité.

L'hélium liquide constitue une exception notable à cet égard. À une température connue sous le nom de « point delta », soit 2,19 degrés seulement au-dessus du zéro absolu, l'hélium liquide s'écoule plus aisément qu'à des températures plus élevées ; en réalité, l'hélium liquide est presque aussi vaporeux qu'un gaz. Son comportement est étonnant sous bien d'autres aspects : par exemple, c'est un conducteur thermique exceptionnel. Au point delta, il s'avère cinq cents fois plus efficace en la matière que le cuivre à température ambiante. Du fait de cette anomalie et de quelques autres, l'hélium liquide a longtemps représenté un mystère d'envergure pour les physiciens et pour les chimistes.

Selon le professeur London, une approche tripartite permet d'interpréter au mieux le comportement de l'hélium liquide : il faut le considérer comme un condensat de Bose-Einstein, utiliser les formules mathématiques conçues en 1924-1925, et reprendre certains concepts relatifs à la conductivité électrique des métaux. Par simple analogie, on expliquera en partie l'étonnante fluidité de l'hélium liquide en se figurant la fluidité comme un phénomène comparable au déplacement des électrons dans un métal pour expliquer la conductivité électrique.

Prenons un tout autre exemple. Dans le domaine de la médecine et de la santé publique, la bactériologie joue un rôle prépondérant depuis un demi-siècle. Quelle en est donc l'histoire ? Au lendemain de la guerre franco-prussienne de 1870, le gouvernement allemand fonda l'éminente université de Strasbourg. Wilhelm von Waldeyer en fut le premier professeur d'anatomie, avant d'occuper cette chaire à l'université de Berlin. Il note dans ses *Souvenirs* que, parmi les étudiants qui le suivirent à Strasbourg pour son tout premier semestre, se trouvait un jeune homme de dix-sept ans, petit, discret et réservé, du nom de Paul Ehrlich. En anatomie, dissection et observation des tissus au microscope constituaient alors la pratique courante. Ehrlich ne manifestait guère d'intérêt pour la dissection, mais, comme le note Waldeyer dans ses *Souvenirs* :

> Je ne tardai pas à remarquer que Ehrlich passait de longues heures à travailler devant son bureau, entièrement absorbé par l'observation au

> microscope. En outre, je vis ce bureau se couvrir peu à peu de toutes sortes de taches colorées. Un jour qu'il était au travail, je lui demandai ce qu'il faisait à cette table où se côtoyaient toutes les couleurs de l'arc-en-ciel. Sur quoi, levant vers moi un regard impassible, ce jeune étudiant censé consacrer son premier semestre à l'étude courante de l'anatomie me répondit : « *Ich probiere.* » Ce que l'on pourrait librement traduire par « J'essaye », ou bien « Je m'amuse ». Je répliquai alors : « Fort bien, continuez à vous amuser. » Je constatai bientôt que, sans aucun enseignement ni aucune indication particulière de ma part, j'avais trouvé en Ehrlich un étudiant d'une valeur singulière.

Waldeyer eut la sagesse de le laisser tranquille. Ehrlich poursuivit tant bien que mal ses études de médecine et finit par obtenir son diplôme, en grande partie parce que ses professeurs avaient bien compris qu'il n'avait pas l'intention d'en faire un usage pratique. Il se rendit alors à Breslau pour se mettre au service du professeur Conheim, qui fut le maître d'un médecin que nous connaissons bien à Baltimore : le docteur Welch, qui devait fonder la faculté de médecine de l'université Johns-Hopkins. Quant à Ehrlich, je ne pense pas que l'idée d'utilité lui ait jamais traversé l'esprit. Il s'intéressait aux choses ; il était curieux : il continua de s'amuser. Il va sans dire que cette activité était guidée par un instinct très sûr ; mais sa motivation était purement scientifique, non utilitaire. Quel en fut le résultat ? Koch et ses associés créèrent une nouvelle discipline scientifique, la bactériologie. Les expériences d'Ehrlich furent alors mises en pratique par un camarade d'études, Weigert, qui entreprit de colorer les bactéries pour en faciliter la différenciation. Ehrlich lui-même mit au point la coloration du frottis sanguin avec des teintures sur lesquelles repose, aujourd'hui encore, notre connaissance de la morphologie des globules blancs ou rouges. On pratique chaque jour, dans des milliers d'hôpitaux à travers le monde, des examens sanguins faisant appel à la technique d'Ehrlich. Voilà comment les expériences menées dans la salle de dissection de Waldeyer à Strasbourg, aussi fantaisistes qu'elles aient pu paraître alors, sont devenues un élément indispensable dans la pratique quotidienne de la médecine.

Prenons un nouvel exemple, choisi au hasard parmi tant d'autres dans le domaine de l'industrie. Je m'en remets ici au professeur Berl, de l'Institut de technologie Carnegie à Pittsburgh. L'industrie moderne de la rayonne, écrit Berl, repose sur une invention du comte de Chardonnet. Ayant dilué une solution de nitrocellulose dans un bain d'éther, Chardonnet filtra cette solution devenue visqueuse à travers des capillaires, avant de la plonger dans l'eau pour coaguler le filament de nitrate de cellulose. Après coagulation, ce filament entrait en contact avec l'air ; il était alors enroulé sur une bobine. Un jour que Chardonnet inspectait son usine à Besançon, un incident empêcha l'eau de coaguler les filaments de nitrocellulose. Les ouvriers constatèrent alors que l'embobinage se déroulait bien mieux sans eau : c'est de ce jour que date l'embobinage à sec, processus essentiel pratiqué aujourd'hui à grande échelle.

## III

Je n'entends nullement suggérer ici que toutes les activités menées en laboratoire finissent par révéler quelque utilité pratique inattendue, ni du reste que celle-ci soit l'unique raison d'être de la recherche scientifique. Je plaide bien plutôt pour l'abolition du terme « utilité » et pour la libération de l'esprit humain. Une telle opération, il est vrai, risque d'encourager quelques illuminés inoffensifs et de nous coûter de précieux dollars. Mais surtout, et c'est là infiniment plus important, elle brisera les chaînes qui entravent l'esprit de l'homme, enfin libre d'entreprendre une aventure qui a conduit Hale, Rutherford, Einstein et leurs semblables jusqu'aux confins de l'espace, et, à l'autre extrémité du spectre, permis de libérer l'énergie illimitée contenue dans l'atome. Poussés par leur désir de comprendre la composition de l'atome, Rutherford, Bohr, Millikan et quelques autres ont libéré des forces capables de transformer la vie de l'homme ; mais ce résultat pratique, cet effet secondaire imprévu, ne constitue en aucun cas la justification de Rutherford, d'Einstein, de Millikan, de Bohr ou de leurs pairs. Le mieux est de les laisser travailler à leur guise. Quel administrateur scientifique saurait indiquer à ces savants la direction à suivre ? Le gâchis de moyens, je l'admets une fois encore, peut sembler prodigieux ; il ne l'est pas vraiment. Pour reprendre l'exemple de la bactériologie, les pertes financières accumulées lors de sa mise au point comptent pour rien, ou presque, quand on les compare aux avantages découlant des découvertes de Pasteur, de Koch, d'Ehrlich, de Theobald Smith et de tant d'autres — avantages qui n'auraient jamais vu le jour si l'idée même d'application pratique les avait effleurés. Ces grands artistes que sont les scientifiques et les bactériologistes ont diffusé l'esprit présidant à leurs recherches dans des laboratoires où ils ne font que suivre la pente de leur curiosité naturelle.

Je n'entends pas critiquer des institutions comme les écoles d'ingénieurs ou les facultés de droit, où prédomine par définition la motivation utilitaire. Il n'est pas rare que la situation s'inverse, et que les difficultés pratiques rencontrées dans l'industrie ou dans les laboratoires stimulent les recherches théoriques qui permettront — ou non — de résoudre les problèmes qui les ont inspirées, mais aussi d'ouvrir de nouvelles perspectives, sans utilité immédiate mais déjà pleines d'accomplissements pratiques et théoriques à venir.

Avec l'accumulation rapide d'un savoir « inutile » ou théorique, on a vu naître une situation inédite : de plus en plus souvent, des problèmes pratiques sont abordés dans un esprit scientifique — et cela, non seulement par des inventeurs, mais aussi par de « purs » scientifiques. J'ai cité plus haut le cas de Marconi ; cet inventeur, qui fut certes un bienfaiteur de l'humanité, n'a fait en réalité que piocher dans les découvertes d'autres que lui. Edison relève de la même catégorie. Il en va tout autrement pour Pasteur. Ce grand scientifique ne dédaignait pas de s'attaquer à des problèmes pratiques, tels que la santé des vignobles français ou le brassage de la bière ; non content de résoudre les difficultés pratiques immédiates, il en tirait des conclusions théoriques de haute volée, « inutiles » sur le moment mais susceptibles de s'avérer « utiles » par la suite, d'une manière imprévisible. Ehrlich, qui était doué d'une curiosité purement spéculative, s'est passionnément attaqué au problème de la syphilis, et ne s'est pas arrêté avant d'avoir fait une découverte aux usages pratiques immédiats, le Salvarsan. La découverte de l'insuline (qui permet de traiter le diabète) par Banting et celle de l'extrait de foie (qui traite l'anémie maligne) par Minot et Whipple appartiennent à la même catégorie : toutes deux sont l'œuvre de purs scientifiques qui, constatant que de nombreuses connaissances « inutiles » avaient été accumulées par des hommes indifférents à leur portée utilitaire, estimaient que le moment était venu d'aborder certaines questions pratiques sous un angle scientifique.

À l'évidence, il faut se montrer prudent au moment d'attribuer l'intégralité d'une découverte scientifique à un individu en particulier. La plupart des inventions ont une histoire aussi longue qu'incertaine. Une personne fait une première découverte partielle, une autre met en lumière un nouvel élément, et ainsi de suite jusqu'à ce qu'un génie assemble ces morceaux épars et apporte sa contribution décisive à l'ensemble. Pareille au Mississipi, la science est d'abord un petit ruisseau dans une forêt lointaine ; d'autres rivières viennent en grossir le cours, finissant par créer, à partir de sources innombrables, un fleuve rugissant qui se rit des barrages.

Sans prétendre à l'exhaustivité sur ce point, je voudrais préciser ceci au passage : sur une période d'un ou deux siècles, la contribution des instituts professionnels à leur domaine particulier tient sans doute moins à la formation de futurs praticiens du droit, de la médecine ou de la technologie qu'au fait que, dans la poursuite même de buts strictement pratiques, on voit se dérouler une foule d'activités apparemment inutiles. De ces activités inutiles procèdent des découvertes qui, parfois, s'avèrent infiniment plus importantes pour l'esprit et pour la pensée que la seule réalisation des projets utilitaires qui ont présidé à la fondation de ces instituts.

Ces diverses considérations montrent bien, à supposer que cela soit nécessaire, l'importance capitale de la liberté spirituelle et intellectuelle. J'ai parlé de science expérimentale et de mathématiques, mais ce que j'avance ici vaut également pour l'art, pour la musique et pour toute autre expression d'un esprit sans entraves. Ces formes d'expression apaisent l'âme en quête d'élévation et de purification : leur est-il besoin d'une autre justification ? Légitimer leur existence sans le moindre souci — implicite ou explicite — d'une quelconque utilité, c'est légitimer du même coup les universités, les facultés et les instituts de recherche. Une institution capable de délier les âmes sur plusieurs générations successives s'en trouve pleinement justifiée, que tel ou tel de ses diplômés soit ou non l'auteur d'une contribution censément utile au savoir humain. Un poème, une symphonie, un tableau, une vérité mathématique ou une découverte scientifique contiennent toutes les justifications que les universités, les facultés et les instituts sont en droit d'attendre ou d'exiger.

Mon propos d'aujourd'hui est d'une troublante actualité. Dans certaines régions du globe, notamment l'Italie et l'Allemagne, la liberté de l'esprit humain est en butte à des assauts délibérés. Certaines universités y ont subi une telle restructuration qu'elles ne sont plus que les instruments d'une idéologie politique, économique ou raciale. Parfois même, dans l'une ou l'autre des rares démocraties encore en place, quelques esprits obtus contesteront l'importance fondamentale d'une liberté universitaire affranchie de toute entrave. Le véritable ennemi de la race humaine n'est pas le penseur audacieux et irresponsable, que ce penseur soit dans l'erreur ou dans le vrai ; l'ennemi véritable, c'est celui qui entend couler l'esprit humain dans un moule et l'empêcher de déployer ses ailes — ces ailes que l'on a vu se déployer naguère en Italie et en Allemagne aussi bien qu'en Grande-Bretagne et aux États-Unis.

Ce n'est pas là une idée neuve. C'est cette idée qui animait Humboldt quand, à l'heure de la conquête de l'Allemagne par Napoléon, il imagina et fonda l'université de Berlin. C'est cette idée qui animait Gilman quand il fonda l'université Johns-Hopkins, laquelle devait peu ou prou inspirer la restructuration de toutes les universités d'Amérique. C'est à cette idée que tout individu soucieux de son âme immortelle doit se montrer fidèle, quelles que soient les conséquences de cette fidélité sur sa personne. Mais la justification de la liberté spirituelle l'emporte largement sur l'innovation, que ce soit dans le domaine des sciences ou dans celui des humanités, car elle implique la tolérance à l'égard de toutes les différences imaginables. À l'aune de l'histoire de l'humanité, est-il rien de plus absurde et de plus ridicule que les discriminations fondées sur la race ou sur la religion ? L'humanité a-t-elle besoin de symphonies, de tableaux et de vérités scientifiques immuables, ou a-t-elle besoin de symphonies chrétiennes, de tableaux chrétiens et d'une science chrétienne, ou encore de symphonies juives, de tableaux juifs et d'une science juive ? A-t-elle besoin d'œuvres et d'inventions musulmanes, ou égyptiennes, ou japonaises, ou chinoises, ou américaines, ou russes, ou communistes, ou conservatrices, pour accroître et exprimer l'infinie richesse de l'âme humaine ?

## IV

Au nombre des effets les plus singuliers et les plus immédiats de la xénophobie, on peut raisonnablement citer le développement rapide de l'Institut des études avancées, fondé à Princeton, dans le New Jersey, par M. Louis Bamberger et par sa sœur, Mme Felix Fuld. La création de l'Institut fut envisagée pour la première fois en 1930. Le choix de Princeton tient en partie à l'affection de son fondateur pour le New Jersey, mais aussi, pour autant que j'en puisse juger, à la présence dans cette université d'une petite faculté de grande valeur avec laquelle une étroite collaboration semblait possible. L'Institut, dont on ne saurait surestimer la dette à l'égard de Princeton, s'est mis au travail en 1933 avec une bonne part de son personnel actuel. Parmi les éminents chercheurs américains qu'il a recrutés, citons Veblen, Alexander et Morse pour les mathématiques ; Meritt, Lowe et Mlle Goldman pour les humanités ; Stewart, Riefler, Warren, Earle et Mitrany pour l'économie et le droit public. À cette liste, il convient d'ajouter les chercheurs et les scientifiques de grande valeur qui travaillaient déjà à l'université de Princeton, ainsi que dans la bibliothèque et dans les laboratoires de cette université. Mais c'est bien à Hitler que l'Institut des études avancées doit d'avoir pu recruter Einstein, Weyl et Neumann pour les mathématiques, Herzfeld et Panofsky pour les humanités, sans compter une foule de jeunes chercheurs qui, au cours des six dernières années, ont bénéficié de l'influence de ces éminents aînés et contribué eux-mêmes à la vigueur de la recherche américaine sur l'ensemble du territoire.

L'Institut jouit d'une structure interne aussi simple et informelle que possible. Il est constitué de trois facultés (mathématiques ; humanités ; économie et politique) dont chacune comporte un groupe permanent de professeurs et un groupe de membres associés renouvelés chaque année. Chaque faculté gère ses propres affaires comme elle l'entend ; au sein de chacune d'elles, tout individu dispose à sa guise de son temps et de son énergie. Les membres de l'Institut, issus à ce jour de vingt-deux pays étrangers et de trente-neuf institutions américaines d'études supérieures, sont admis dans plusieurs groupes pour peu que ceux-ci les en jugent dignes. Ils jouissent en tout point des mêmes privilèges que les professeurs. Ils peuvent travailler avec l'un d'eux en particulier s'ils ont obtenu son accord, ou travailler seuls en consultant s'ils le souhaitent tel ou tel collègue susceptible de les aider. L'Institut n'applique aucune procédure préétablie et ne distingue pas entre les professeurs, les membres associés et les chercheurs invités. Les étudiants et enseignants de Princeton se mêlent si naturellement aux membres et aux professeurs de l'Institut qu'on ne saurait les discerner. On cultive ici le savoir en tant que tel, sans souci de ses éventuels effets sur l'individu ou sur la société. On se passe de comités et de réunions de département. Voilà comment penseurs et chercheurs jouissent de conditions favorables à la réflexion et à la discussion. Un mathématicien peut s'adonner aux mathématiques sans la moindre interférence, au même titre qu'un chercheur en sciences humaines, un économiste ou un spécialiste d'études politiques. L'importance et le poids de l'administration sont réduits autant que possible. Un homme sans idées, un homme incapable de se vouer entièrement à ses idées n'a pas sa place à l'Institut.

Quelques brefs exemples me permettront d'illustrer ce dernier point. L'Institut ayant offert une bourse à un professeur de Harvard pour qu'il vienne travailler à Princeton, celui-ci me demanda par écrit :

– Quelles seraient mes obligations ?

– Vous n'auriez aucune obligation, lui répondis-je ; seulement des conditions de travail idéales.

Un jeune et brillant mathématicien, qui venait de passer un an à Princeton, se présenta un jour dans mon bureau pour me dire au revoir. Au moment de me quitter, il ajouta :

– Vous aimeriez peut-être savoir ce que cette année a représenté pour moi.

– Bien sûr, répondis-je.

– Les mathématiques connaissent une évolution rapide, me dit-il, et la littérature spécialisée dans ce domaine est extrêmement riche. Ma thèse de doctorat remonte à plus de dix ans. Au début, j'ai pu me tenir informé des avancées réalisées dans mon domaine, mais la chose est devenue progressivement plus ardue et plus problématique. Après une année ici, cependant, il me semble qu'on a tiré les rideaux, fait la lumière dans la pièce, ouvert grand les fenêtres. J'ai en tête deux articles que je compte rédiger sous peu.

– Combien de temps cela durera-t-il ?

– Cinq ans, peut-être dix.

– Que ferez-vous alors ?

– Je reviendrai.

Mon troisième exemple est très récent. Un professeur exerçant dans une grande université de l'Ouest est arrivé à Princeton l'an dernier. Il entendait poursuivre sa collaboration avec le professeur Morey, en poste à Princeton, mais celui-ci l'invita à prendre contact avec Panofsky et Swarzenski, tous deux en poste à l'Institut. Il travaille aujourd'hui avec les trois à la fois.

– Je compte rester ici, m'a-t-il dit, jusqu'au mois d'octobre.

– L'été vous semblera sans doute très chaud, répondis-je.

– Je serai trop occupé et trop heureux pour m'en rendre compte.

On voit par là que la liberté suscite moins l'inactivité qu'un risque de surmenage. L'épouse d'un membre britannique de l'Institut me demandait encore récemment : « Est-ce que tout le monde ici travaille jusqu'à deux heures du matin ? »

L'Institut ne possède pas encore ses propres locaux. Pour l'heure, ses mathématiciens sont accueillis par ceux de Princeton dans Fine Hall ; des chercheurs en sciences humaines sont accueillis par ceux de Princeton dans McCormick Hall ; d'autres travaillent dans divers bureaux situés en ville. Les économistes occupent actuellement une suite dans un hôtel, le Princeton Inn. Pour ma part, je travaille dans un immeuble de bureaux sur Nassau Street, entouré de commerçants, de dentistes, d'avocats, d'ostéopathes, et de chercheurs de Princeton menant une étude sur l'administration et la population de la ville. On peut fort bien se passer de briques et de mortier, comme l'a démontré Gilman à Baltimore il y a une soixantaine d'années. Les contacts informels entre chercheurs nous font cependant défaut ; pour y remédier, nous ferons bientôt construire un bâtiment (il se nommera Fuld Hall) grâce à un financement de nos fondateurs. Ce sera notre seule concession à l'administration. L'Institut entend conserver une taille modeste et rester fidèle à ses convictions : liberté d'action, sécurité, indépendance, refus de la routine, contacts informels avec les chercheurs de l'université de Princeton et avec les collègues étrangers qui nous font l'honneur de nous rejoindre. Au nombre de ces derniers, citons Niels Bohr, de Copenhague ; Max von Laue, de Berlin ; Levi-Civita, de Rome ; André Weil, de Strasbourg ; P. Dirac et G. H. Hardy, de Cambridge ; Pauli, de Zurich ; Lemaître, de Louvain ; Wade Gery, d'Oxford ; et des professeurs américains en poste à Harvard, à Yale, à Columbia, à Cornell, à Johns-Hopkins, à Chicago, à l'université de Californie et dans d'autres lieux éminents de la culture et des lumières.

Sans jamais rien promettre, nous caressons l'espoir que la libre poursuite d'un savoir inutile aura dans l'avenir, comme par le passé, des résultats pratiques. Mais ce n'est là en aucune manière ce qui nous pousse à soutenir l'Institut. Celui-ci se veut un paradis pour les chercheurs qui, à l'instar des poètes et des musiciens, ont gagné le droit de travailler comme ils l'entendent : c'est dans de pareilles conditions qu'ils donnent le meilleur d'eux-mêmes.

## Notice biographique d'Abraham Flexner

Abraham Flexner (1866-1959) est un célèbre pédagogue américain. Diplômé de Johns Hopkins et de Harvard, il a fondé plusieurs écoles expérimentales et participé à la création de l'Institute for Advanced Study de Princeton, qu'il a dirigé de 1930 à 1939. C'est dans ce cadre qu'il contribua à l'exil de plusieurs chercheurs fuyant les persécutions nazies. Auteur de nombreux livres de pédagogie, il a publié en 1910 un rapport sur l'état de l'enseignement médical du xx^e siècle, dont les aperçus demeurent étonnamment modernes. Ses travaux ont profondément influencé l'enseignement des sciences aux États-Unis et en Europe.

# Table des matières

# COLLECTION PLURIEL

## Actuel

**ADLER Alexandre**
*Le monde est un enfant qui joue*
*J'ai vu finir le monde ancien*
*Au fil des jours cruels*
*L'Odyssée américaine*
*Rendez-vous avec l'Islam*
*Sociétés secrètes*
*Le jour où l'histoire a recommencé*
**ADLER Laure**
*Françoise*
**ASKENAZY Philippe, COHEN Daniel**
*27 questions d'économie contemporaine*
*16 nouvelles questions d'économie contemporaine*
**ATTALI Jacques**
*Demain, qui gouvernera le monde ?*
*Devenir soi*
*C'était François Mitterrand*
**ATTIAS Jean-Christophe, BENBASSA Esther**
*Les Juifs ont-ils un avenir ?*
*Encyclopédie des religions*
**AUNG SAN SUU KYI**
*Ma Birmanie*
**BACHMANN Christian, LE GUENNEC Nicole**
*Violences urbaines*
**BAECQUE (de) Antoine**
*Les Duels politiques*
**BALLADUR Édouard**
*Conversations avec François Mitterrand*
**BARBER Benjamin R.**
*Djihad versus McWorld*
*L'Empire de la peur*
**BARLOW Maude, CLARKE Tony**
*L'Or bleu*
**BAVEREZ Nicolas**
*Réveillez-vous !*
**BEBIN Xavier**
*Quand la justice crée l'insécurité*
**BEN-AMI Shlomo**
*Quel avenir pour Israël ?*
**BENBASSA Esther**
*La Souffrance comme identité*
**BERGOUGNIOUX Alain, GRUNBERG Gérard**
*Les Socialistes français et le pouvoir (1905-2007)*
**BEURET Michel, MICHEL Serge, WOODS Paolo**
*La Chinafrique*
**BHUTTO Benazir**
*Autobiographie*
**BIASSETTE Gilles, BAUDU Lysiane J.**
*Travailler plus pour gagner moins*
**BLAIS Marie-Claude, GAUCHET Marcel, OTTAVI Dominique**
*Conditions de l'éducation*

**BORIS Jean-Pierre**
*Le Roman noir des matières premières*
**BRENNER Emmanuel (dir.)**
*Les Territoires perdus de la République*
**BRETON Stéphane**
*Télévision*
**BROWN Lester**
*Le Plan B*
**BRZEZINSKI Zbigniew**
*Le Grand Échiquier*
**CARON Aymeric**
*Envoyé spécial*
**CARRERE D'ENCAUSSE Hélène**
*La Russie entre deux mondes*
**CHALIAND Gérard**
*Guérillas*
**CHARRIN Ève**
*L'Inde à l'assaut du monde*
**CHEBEL Malek**
*Manifeste pour un islam des Lumières*
**CLERC Denis**
*La France des travailleurs pauvres*
**COHEN Daniel**
*La Mondialisation et ses ennemis*
**COHEN-TANUGI Laurent**
*Guerre ou paix*
**COHN-BENDIT Daniel**
*Que faire ?*
**COTTA Michèle**
*Mitterrand carnets de route*
**DAVIDENKOFF Emmanuel**
*Peut-on encore changer l'école?*
**DELPECH Thérèse**
*L'Ensauvagement*
**DELUMEAU Jean**
*Un christianisme pour demain*
**DEROGY Jacques**
*Les vengeurs arméniens*
**DOSTALER Gilles**
**MARIS Bernard**
*Capitalisme et pulsion de mort*
**DUFRESNE David**
*Maintien de l'ordre*
*Tarnac, magasin général*
**ÉTIENNE Bruno,**
**LIOGIER Raphaël**
*Être bouddhiste en France aujourd'hui*
**FAUROUX Roger,**
**SPITZ Bernard**
*Notre État*
**FILIU Jean-Pierre**
*La véritable histoire d'Al-Qaida*
**FINCHELSTEIN Gilles**
*La dictature de l'urgence*
**FRÉGOSI Franck**
*L'islam dans la laïcité*
**GIESBERT Franz-Olivier**
*L'animal est une personne*
**GLUCKSMANN André**
*Ouest contre Ouest*
*Le Discours de la haine*
**GODARD Bernard,**
**TAUSSIG Sylvie**
*Les Musulmans en France*
**GORE Al**
*Urgence planète Terre*
**GREENSPAN Alan**
*Le Temps des turbulences*
**GRESH Alain**
*L'Islam, la République et le monde*
*Israël-Palestine*

**GRESH Alain,**
**VIDAL Dominique**
*Les 100 Clés du Proche-Orient*
**GUÉNIF-SOUILAMAS Nacira**
*Des beurettes*
**HESSEL Stéphane**
*Citoyen sans frontières*
**HIRSCH Martin**
*Pour en finir avec les conflits d'intérêt*
**IZRAELEWICZ Erik**
*L'arrogance chinoise*
**JADHAV Narendra**
*Intouchable*
**JEANNENEY Jean-Noël (dir.)**
*L'Écho du siècle*
**KAGAN Robert**
*La Puissance et la Faiblesse*
**KERVASDOUÉ (de) Jean**
*Les Prêcheurs de l'apocalypse*
**KNIBIEHLER Yvonne**
*Mémoires d'une féministe iconoclaste*
**LAÏDI Zaki**
*Un monde privé de sens*
**LATOUCHE Serge**
*Le pari de la décroissance*
**LAURENS Henry**
*L'Orient arabe à l'heure américaine*
**LAVILLE Jean-Louis**
*L'Économie solidaire*
**LE MAIRE Bruno**
*Des hommes d'État*
**LENGLET François**
*Qui va payer la crise ?*
*La fin de la mondialisation*
**LENOIR Frédéric**
*Les Métamorphoses de Dieu*
**LEYMARIE Philippe,**
**PERRET Thierry**
*Les 100 Clés de l'Afrique*
**MALET Jean-Baptiste**
*En Amazonie*
**MARIS Bernard**
*Et si on aimait la France*
**MARTINOT Bertrand**
*Pour en finir avec le chômage*
**MONGIN Olivier**
*De quoi rions-nous ?*
**MOREAU Jacques**
*Les Socialistes français et le mythe révolutionnaire*
**MORIN Edgar**
*Mon Paris, ma mémoire*
**NICOLINO Fabrice,**
*Biocarburants, la fausse solution*
**NICOLINO Fabrice,**
**VEILLERETTE François**
*Pesticides*
**NOUZILLE Vincent**
*Les dossiers de la CIA sur la France 1958-1981*
*Les dossiers de la CIA sur la France 1981-2010*
**Pape François**
*Se mettre au service des autres, voilà le vrai pouvoir*
**PIGASSE Matthieu**
**FINCHELSTEIN Gilles**
*Le Monde d'après*
**PISANI-FERRY Jean**
*La crise de l'euro et comment nous en sortir*
**RAFFY Serge**
*Le Président, François Hollande, itinéraire secret*
**RAMBACH Anne,**

**RAMBACH Marine**
*Les Intellos précaires*
**RENAUT Alain**
*La Libération des enfants*
**REYNIÉ Dominique**
*Les nouveaux populismes*
**ROCARD Michel**
*Oui à la Turquie*
**ROY Olivier**
*Généalogie de l'islamisme*
*La Laïcité face à l'islam*
**ROY Olivier,**
**ABOU ZAHAD Mariam**
*Réseaux islamiques*
**SABEG Yazid,**
**MÉHAIGNERIE Laurence**
*Les Oubliés de l'égalité des chances*
**SALAS Denis**
*La Volonté de punir*
**SALMON Christian**
*La cérémonie cannibale*
**SAPORTA Isabelle**
*Le livre noir de l'agriculture*
**SAVIDAN Patrick**
*Repenser l'égalité des chances*
**SENNETT Richard**
*La culture du nouveau capitalisme*
**SMITH Stephen**
*Négrologie*
**SMITH Stephen,**
**FAES Géraldine**
*Noir et Français*
**SMITH Stephen,**
**GLASER Antoine**
*Comment la France a perdu l'Afrique*
**SOROS George**
*Mes solutions à la crise*
**STORA Benjamin**
*La Dernière génération d'octobre*
**TERNISIEN Xavier**
*Les Frères musulmans*
**TINCQ Henri**
*Les Catholiques*
**TRAORÉ Aminata**
*Le Viol de l'imaginaire*
*L'Afrique humiliée*
**VÉDRINE Hubert**
*La France au défi*
**VÉDRINE Hubert (dir.)**
*Un partenariat pour l'avenir*
**VERMEREN Pierre**
*Maghreb : les origines de la révolution démocratique*
**VICTOR Paul-Émile,**
**VICTOR Jean-Christophe**
*Adieu l'Antarctique*
**VIROLE Benoît**
*L'Enchantement Harry Potter*
**WARSCHAWSKI Michel**
*Sur la frontière*
**WIEVIORKA Michel**
*La Tentation antisémite*

Sciences

**ACHACHE José**
*Les Sentinelles de la Terre*
**BARROW John**
*Les Origines de l'Univers*
*Une brève histoire de l'infini*
**CAZENAVE Michel (dir.)**
*Aux frontières de la science*
**CHANGEUX Jean-Pierre**
*L'Homme neuronal*

**CHARLIER Philippe**
*Médecin des morts*
**COHEN-TANNOUDJI Gilles**
*Les Constantes universelles*
**DAFFOS Fernand**
*La Vie avant la vie*
**DAVIES Paul**
*L'Esprit de Dieu*
**DAWKINS Richard**
*Qu'est-ce que l'Évolution ?*
*Il était une fois nos ancêtres*
**FERRIES Timothy**
*Histoire du Cosmos de l'Antiquité au Big Bang*
**FISCHER Helen**
*Histoire naturelle de l'amour*
**GLASHOW Sheldon**
*Le Charme de la physique*
**KANDEL Robert**
*L'Incertitude des climats*
**LAMBRICHS Louise L.**
*La Vérité médicale*
**LASZLO Pierre**
*Chemins et savoirs du sel*
*Qu'est-ce que l'alchimie ?*
**LEAKEY Richard**
*L'Origine de l'humanité*
**SEIFE Charles**
*Zéro*
**SINGH Simon**
*Le Dernier Théorème de Fermat*
*Le Roman du Big Bang*
**STEWART John**
*La Nature et les nombres*
**VIDAL-MADJAR Alfred**
*Il pleut des planètes*
**WAAL Frans (de)**
*Le singe en nous*

## Philosophie

**ARON Raymond**
*Essai sur les libertés*
*L'Opium des intellectuels*
**AZOUVI François**
*Descartes et la France*
**BADIOU Alain**
*Deleuze*
*La République de Platon*
**BESNIER Jean-Michel**
*Demain les posthumains, le futur a-t-il encore besoin de nous ?*
**BLAIS Marie-Claude, GAUCHET Marcel, OTTAVI Dominique**
*Pour une philosophie politique de l'éducation*
**BOUDON Raymond**
*Le Juste et le vrai*
**BOUVERESSE Jacques**
*Le Philosophe et le réel*
**BURKE Edmund**
*Réflexions sur la Révolution en France*
**CANTO-SPERBER Monique**
*Le Libéralisme et la gauche*
**CASSIN Barbara**
*La nostalgie*
**CASSIRER Ernst**
*Le Problème Jean-Jacques Rousseau*
**CHÂTELET François**
*Histoire de la philosophie*
*t. 1 : La Philosophie païenne (du VIe siècle av. J.-C. au IIIe siècle après J.-C.)*

*t. 2 : La Philosophie médiévale (du Ier au XVe siècle)*
*t. 3 : La Philosophie du monde nouveau (XVIe et XVIIe siècles)*
*t. 4 : Les Lumières (XVIIIe siècle)*
*t. 5 : La Philosophie et l'histoire (de 1780 à 1880)*
*t. 6 : La Philosophie du monde scientifique et industriel (de 1860 à 1940)*
*t. 7 : La Philosophie des sciences sociales (de 1860 à nos jours)*
*t. 8 : Le XXe siècle*

**CONSTANT Benjamin**
*Principes de politique*

**DESANTI Jean-Toussaint**
*Le Philosophe et les pouvoirs*
*Un destin philosophique*

**DESCHAVANNE Éric, TAVOILLOT Pierre-Henri**
*Philosophie des âges de la vie*

**DETIENNE Marcel**
*Dionysos à ciel ouvert*

**FLEURY Cynthia**
*Pretium doloris*

**GIRARD René**
*La Violence et le sacré*
*Celui par qui le scandale arrive*
*Mensonge romantique et vérité romanesque*
*Les Origines de la culture*

**GLUCKSMANN André**
*Le Bien et le Mal*
*Une rage d'enfant*

**GRUZINSKI Serge**
*La pensée métisse*

**HABERMAS Jürgen**
*Après Marx*
*Après l'État-nation*
*L'intégration républicaine*

**HABIB Claude**
*Le Consentement amoureux*

**HAZARD Paul**
*La Pensée européenne au XVIIIe siècle*

**JANICAUD Dominique**
*Heidegger en France (2 vol.)*

**JANKÉLÉVITCH Sophie, OGILVIE Bertrand**
*L'Amitié*

**JARDIN André**
*Alexis de Tocqueville*

**JERPHAGNON Lucien**
*Les dieux ne sont jamais loin*
*Au bonheur des sages*
*Histoire de la pensée*
*Mes leçons d'antan*

**JOUVENEL (de) Bertrand**
*Du pouvoir*

**KAHN Axel, GODIN Christian**
*L'Homme, le bien, le mal*

**LA ROCHEFOUCAULD**
*Maximes, réflexions, lettres*

**LENOIR Frédéric**
*Le temps de la responsabilité*

**LINDENBERG Daniel**
*Destins marranes*

**LÖWITH Karl**
*Nietzsche*

**MANENT Pierre**
*Histoire intellectuelle du libéralisme*

**MARZANO Michela**
*La Fidélité ou l'amour à vif*
*La Pornographie ou l'épuisement du désir*
*Extension du domaine de la manipulation*
*Éloge de la confiance*

**MONGIN Olivier**
*Face au scepticisme*

**MORIN Edgar**
*La Voie*
*Mes philosophes*
**NEGRI Anthonio**
*Job, la force de l'esclave*
**NIETZSCHE Friedrich**
*Aurore*
*Humain, trop humain*
*Le Gai Savoir*
*Par-delà le bien et le mal*
**ORY Pascal**
*Nouvelle Histoire des idées politiques*
**QUINET Edgar**
*L'Enseignement du peuple, suivi de La Révolution religieuse au XIX^e siècle*
**RICHIR Marc**
*La Naissance des dieux*
**RICŒUR Paul**
*La Critique et la conviction*
**ROUSSEAU Jean-Jacques**
*Du contrat social*
**SAVATER Fernando**
*Choisir, la liberté*
*Sur l'art de vivre*
*Les Dix Commandements au XXI^e siècle*
**SAVIDAN Patrick**
*Repenser l'égalité des chances*
**SCHOLEM Gershom**
*Walter Benjamin*
**SERRES Michel**
*Les Cinq Sens*
*Le Parasite*
*Rome*
**SIRINELLI Jean-François**
*Sartre et Aron*
*Les Vingt décisives*
**SLOTERDIJK Peter**
*Bulles. Sphères I*
*Globes. Sphères II*
*Écumes. Sphères III*
*Colère et temps*
*Essai d'intoxication volontaire, suivi de L'Heure du crime et le temps de l'œuvre d'art*
*Ni le soleil ni la mort*
*Les Battements du monde*
*Le Palais de cristal*
*La folie de Dieu*
*Tempéraments philosophiques*
*Tu dois changer ta vie*
**SUN TZU**
*L'Art de la guerre*
**TODOROV Tzvetan**
*Les Morales de l'histoire*
**WOLFF Francis**
*Philosophie de la corrida*

Psychanalyse, psychologie

**BETTELHEIM Bruno**
*Le Poids d'une vie*
**BETTELHEIM Bruno, ROSENFELD Alvin**
*Dans les chaussures d'un autre*
**BONNAFÉ Marie**
*Les Livres, c'est bon pour les bébés*
**BRUNSCHWIG Hélène**
*N'ayons pas peur de la psychothérapie*
**CRAMER Bertrand**
*Profession bébé*
**CYRULNIK Boris**
*Mémoire de singe et paroles d'homme*

*La Naissance du sens*
*Sous le signe du lien*
**CYRULINK Boris, MATIGNON Karine Lou, FOUGEA Frédéric**
*La Fabuleuse Aventure des hommes et des animaux*
**CZECHOWSKI Nicole, DANZIGER Claudie**
*Deuils*
**DANON-BOILEAU Henri**
*De la vieillesse à la mort*
**DUMAS Didier**
*La Sexualité masculine*
*Sans père et sans parole*
**FLEM Lydia**
*Freud et ses patients*
**GREEN André**
*Un psychanalyste engagé*
**GRIMBERT Philippe**
*Pas de fumée sans Freud*
*Psychanalyse de la chanson*
**HADDAD Antonietta, HADDAD Gérard**
*Freud en Italie*
**HADDAD Gérard**
*Manger le livre*
**HEFEZ Serge**
*Quand la famille s'emmêle*
*Dans le cœur des hommes*
*Scènes de la vie conjugale*
**HEFEZ Serge, LAUFER Danièle**
*La Danse du couple*
**HOFFMANN Christian**
*Introduction à Freud*
**JEAMMET Philippe**
*Anorexie Boulimie*
**JOUBERT Catherine, STERN Sarah**
*Déshabillez-moi*
**KORFF-SAUSS Simone**
*Dialogue avec mon psychanalyste*
*Le Miroir brisé*
**LAPLANCHE Jean, PONTALIS Jean-Bernard**
*Fantasme originaire. Fantasme des origines. Origines du fantasme*
**LESSANA Marie-Magdeleine**
*Entre mère et fille : un ravage*
**MIJOLLA (de) Alain (dir.)**
*Dictionnaire international de la psychanalyse (2 vol.)*
**MORO Marie-Rose**
*Enfants d'ici venus d'ailleurs*
**PERRIER François**
*L'Amour*
**PHILLIPS Adam**
*Le Pouvoir psy*
**SIETY Anne**
*Mathématiques, ma chère terreur*
**SUTTON Nina**
*Bruno Bettelheim*
**TISSERON Serge**
*Comment Hitchcock m'a guéri*
*Psychanalyse de l'image*
**TOMKIEWICZ Stanislas**
*L'Adolescence volée*
**VIGOUROUX François**
*L'Âme des maisons*
*L'Empire des mères*
*Le Secret de famille*

Sociologie, anthropologie

**AMSELLE Jean-Loup**
*L'Occident décroché*
**ARNALDEZ Roger**
*L'Homme selon le Coran*
**AUGÉ Marc**
*Un ethnologue dans le métro*
**BADIE Bertrand,**
**BIRNBAUM Pierre**
*Sociologie de l'État*
*Le peuple et les gros*
*Le moment antisémite*
**BAUMAN Zygmunt**
*Le Coût humain de la mondialisation*
*La Société assiégée*
*L'Amour liquide*
*La Vie en miettes. Expérience moderne et moralité*
*La vie liquide*
**BEAUD Stéphane,**
**PIALOUX Michel**
*Violences urbaines, violence sociale*
**BOUDON Raymond**
*La Logique du social*
*L'Inégalité des chances*
**BROMBERGER Christian**
*Passions ordinaires*
**CALVET Louis-Jean**
*Histoire de l'écriture*
**CASTEL Robert,**
**HAROCHE Claudine**
*Propriété privée, propriété sociale, propriété de soi*
**DIGARD Jean-Pierre**
*Les Français et leurs animaux*
**EHRENBERG Alain**
*Le Culte de la performance*
*L'Individu incertain*
**ELIAS Norbert**
*Norbert Elias par lui-même*
*Du temps*
**ELLUL Jacques**
*Le Bluff technologique*
**FOURASTIÉ Jean**
*Les Trente Glorieuses*
**GARAPON Antoine,**
**PERDRIOLLE Sylvie**
*Quelle autorité ?*
**GIDDENS Anthony**
*La Transformation de l'intimité*
**GINESTE Thierry**
*Victor de l'Aveyron*
**GUÉRIN Serge**
*L'Invention des seniors*
**HIRSCHMAN Albert O.**
*Bonheur privé, action publique*
**KAUFMANN Jean-Claude**
*Casseroles, amour et crises*
*L'Invention de soi*
*Ego*
*Quand Je est un autre*
*L'étrange histoire de l'amour heureux*
**LAHIRE Bernard**
*L'Homme pluriel*
**LAMBERT Yves**
*La naissance des religions*
**LAVILLE Jean-Louis,**
**SAINSAULIEU Renaud**
*L'association. Sociologie et économie*
**LE BRAS Hervé**
*Marianne et les lapins*
**LE BRETON David**

*L'Adolescence à risque*
**MONOD Jean**
*Les Barjots*
**MORIN Edgar**
*Commune en France. La métamorphose de Plozévet*
**MUXEL Anne**
*Individu et mémoire familiale*
**PONT-HUMBERT Catherine**
*Dictionnaire des symboles, des rites et des croyances*
**RAUCH André**
*Crise de l'identité masculine, 1789-1914*
*Vacances en France de 1830 à nos jours*
**ROBIN Corey**
*La Peur*
**SAVIER Lucette**
*Des sœurs, des frères*
**SENNETT Richard**
*Respect*
*La Culture du nouveau capitalisme*
**SINGLY (de) François**
*Les Uns avec les autres*
*Les Adonaissants*
*L'Injustice ménagère*
*Comment aider l'enfant à devenir lui-même ?*
*Séparée*
**SULLEROT Évelyne**
*La Crise de la famille*
**THÉLOT Claude**
*Tel père, tel fils ?*
**TIERNEY Patrick**
*Au nom de la civilisation*
**URFALINO Philippe**
*L'Invention de la politique culturelle*
**WIEVIORKA Michel**
*La Violence*
*Neuf leçons de sociologie*

## Histoire

**ADLER Laure**
*Les Maisons closes*
*Secrets d'alcôve*
**AGULHON Maurice**
*De Gaulle. Histoire, symbole, mythe*
*La République (de 1880 à nos jours)*
*t. 1 : L'Élan fondateur et la grande blessure (1880-1932)*
*t. 2 : Nouveaux drames et nouveaux espoirs (de 1932 à nos jours)*
**ALEXANDRE-BIDON Danièle**
*La Mort au Moyen Âge*
**ALEXANDRE-BIDON Danièle, LETT Didier**
*Les Enfants au Moyen Âge*
**ANATI Emmanuel**
*La Religion des origines*
**ANDREU Guillemette**
*Les Égyptiens au temps des pharaons*
**ANTOINE Michel**
*Louis XV*
**ATTALI Jacques**
*Diderot ou le bonheur de penser*
**AUBRAC Raymond, HELFER-AUBRAC Renaud**

*Passage de témoin*
**BALANDIER Georges**
*Le Royaume de Kongo du* XVI^e^ *au* XVIII^e^ *siècle*
**BALLET Pascale**
*La Vie quotidienne à Alexandrie*
**BANCEL Nicolas, BLANCHART Pascal, VERGÈS Françoise**
*La République coloniale*
**BARTOV Omer**
*L'Armée d'Hitler*
**BASLEZ Marie-Françoise**
*Saint Paul*
**BEAUFRE André (Général)**
*Introduction à la stratégie*
**BÉAUR Gérard**
*La Terre et les hommes*
**BECHTEL Guy**
*La Chair, le diable et le confesseur*
**BECKER Annette**
*Oubliés de la Grande Guerre*
**BÉDARIDA François**
*Churchill*
**BENNASSAR Bartolomé, VINCENT Bernard**
*Le Temps de l'Espagne,* XVI^e^-XVII^e^ *siècles*
**BENNASSAR Bartolomé, MARIN Richard**
*Histoire du Brésil*
**BENNASSAR Bartolomé**
*L'Inquisition espagnole,* XV^e^-XIX^e^ *siècles*
**BERCÉ Yves-Marie**
*Fête et révolte*
**BERNAND André**
*Alexandrie la grande*
**BLUCHE François**
*Le Despotisme éclairé*
*Louis XIV*
*Les Français au temps de Louis XVI*
**BOLOGNE Jean Claude**
*Histoire de la pudeur*
*Histoire du mariage en Occident*
*Histoire du célibat*
**BORDONOVE Georges**
*Les Templiers au* XIII^e^ *siècle*
**BOTTÉRO Jean**
*Babylone et la Bible, Entretiens avec Hélène Monsacré*
*Au commencement étaient les dieux*
**BOTTÉRO Jean, HERRENSCHMIDT Clarisse, VERNANT Jean-Pierre**
*L'Orient ancien et nous*
**BOUCHERON Patrick (dir.)**
*Histoire du monde au XV^e^ siècle*
*t.1 : Territoires et écritures du monde*
*t. 2 : Temps et devenirs du monde*
**BREDIN Jean-Denis**
*Un tribunal au garde-à-vous*
**BROSZAT Martin**
*L'État hitlérien*
**BROWNING Christopher R.**
*À l'intérieur d'un camp de travail nazi*
**BRULÉ Pierre**
*Les Femmes grecques*
**CAHEN Claude**
*L'Islam, des origines au début de l'Empire ottoman*
**CARCOPINO Jérôme**
*Rome à l'apogée de l'Empire*
**CARRÈRE D'ENCAUSSE Hélène**

*Catherine II*
*Lénine*
*Nicolas II*
*Les Romanov*
**CHAUNU Pierre**
*Le Temps des réformes*
**CHEBEL Malek**
*L'Esclavage en Terre d'Islam*
**CHÉLINI Jean**
*Histoire religieuse de l'Occident médiéval*
**CHOURAQUI André**
*Les Hommes de la Bible*
**CLAVAL Paul**
*Brève histoire de l'urbanisme*
**CLOULAS Ivan**
*Les Borgia*
*Les Châteaux de la Loire au temps de la Renaissance*
**CROUZET Denis**
*La nuit de la Saint-Barthélemy*
**COLLECTIF**
*Chevaliers et châteaux-forts*
*Les Francs-Maçons*
*Le nazisme en questions*
*Les plus grands mensonges de l'histoire*
*Le Japon*
*L'Iran*
*Versailles*
*Amour et sexualité*
*La Cuisine et la Table*
*La guerre de Cent Ans*
*L'Espagne*
*Les grandes crises dans l'histoire*
*La Turquie, d'une révolution à l'autre*
**CONAN Éric, ROUSSO Henry**
*Vichy, un passé qui ne passe pas*
**D'ALMEIDA Fabrice**
*Ressources inhumaines*
**DARMON Pierre**
*Le Médecin parisien en 1900*
*Vivre à Paris pendant la Grande Guerre*
**DAVRIL Dom Anselme, PALAZZO Éric**
*La Vie des moines au temps des grandes abbayes*
**DELARUE Jacques**
*Trafics et crimes sous l'Occupation*
**DELUMEAU Jean**
*La Peur en Occident*
*Rome au XVIe siècle*
*Une histoire du paradis*
*t. 1 : Le Jardin des délices*
*t. 2 : Mille ans de bonheur*
*t. 3 : Que reste-t-il du paradis ?*
**DESANTI Dominique**
*Ce que le siècle m'a dit*
**DESSERT Daniel**
*Fouquet*
**DOMENACH Jean-Luc**
*Mao, sa cour et ses complots*
**DUBY Georges**
*Le Chevalier, la femme et le prêtre*
*Le Moyen Âge (987-1460)*
**DUCREY Pierre**
*Guerre et guerriers dans la Grèce antique*
**DUPUY Roger**
*Les Chouans*
**DUROSELLE Jean-Baptiste**
*L'Europe, histoire de ses peuples*
**EINAUDI Jean-Luc**
*Octobre 1961*
**EISENSTEIN Elizabeth L.**
*La Révolution de l'imprimé*

**ENDERLIN Charles**
*Par le feu et par le sang*
**ESLIN Jean-Claude,**
**CORNU Catherine**
*La Bible, 2 000 ans de lectures*
**ESPRIT**
*Écrire contre la guerre d'Algérie (1947-1962)*
**ÉTIENNE Bruno**
*Abdelkader*
**ETIENNE Robert**
*Pompéi*
**FAVIER Jean**
*De l'or et des épices*
**FERRO Marc**
*Le Livre noir du colonialisme*
*Nazisme et communisme*
*Pétain*
**FINLEY Moses I.**
*On a perdu la guerre de Troie*
**FILIU Jean-Pierre**
*Histoire de Gaza*
**FLACELIÈRE Robert**
*La Grèce au siècle de Périclès*
**FONTAINE Marion (dir.)**
*Ainsi nous parle Jean Jaurès*
**FOSSIER Robert**
*Le Travail au Moyen Âge*
*Ces gens du Moyen Âge*
**FRUGONI Chiara**
*Saint François d'Assise*
**FURET François**
*La Révolution (1770-1880)*
*t. 1 : La Révolution française, de Turgot à Napoléon (1770-1814)*
*t. 2 : Terminer la Révolution, de Louis XVIII à Jules Ferry (1814-1880)*
**FURET François,**
**NOLTE Ernst**
*Fascisme et communisme*
**FURET François,**
**RICHET Denis**
*La Révolution française*
**GARIN Eugenio**
*L'Éducation de l'homme moderne (1400-1600)*
**GERVAIS Danièle**
*La Ligne de démarcation*
**GIRARD Louis**
*Napoléon III*
**GIRARDET Raoul**
*Histoire de l'idée coloniale en France*
**GOUBERT Pierre**
*Initiation à l'histoire de la France*
*L'Avènement du Roi-Soleil*
*Mazarin*
*Louis XIV et vingt millions de Français*
**GOUBERT Jean-Pierre**
*Une histoire de l'hygiène*
**GRAS Michel,**
**ROUILLARD Pierre,**
**TEIXIDOR Xavier**
*L'Univers phénicien*
**GUESLIN André**
*Une histoire de la pauvreté dans la France du XX^e^ siècle*
**GUICHARD Pierre**
*Al-Andalus (711-1492)*
**GUILAINE Jean**
*La Mer partagée*
**HEERS Jacques**
*Esclaves et domestiques au Moyen Âge*
*La Ville au Moyen Âge en Occident*
**HOBSBAWM Eric J.**
*Franc-tireur. Autobiographie*

*L'Ère des révolutions (1789-1848)*
*L'Ère du capital (1848-1875)*
*L'Ère des empires (1875-1914)*
*Marx et l'histoire*
*Les primitifs de la révolte dans l'Europe moderne*
*Aux armes, historiens*
**HOWARD Dick**
*Aux origines de la pensée politique américaine*
**HUSSEIN Mahmoud**
*Al-Sîra (2 vol.)*
**INGRAO Christian**
*Croire et détruire*
**JAFFRELOT Christophe (dir.)**
*L'Inde contemporaine*
**JERPHAGNON Lucien**
*Histoire de la Rome antique*
*Les Divins Césars*
**JOHNSON Hugh**
*Une histoire mondiale du vin*
**JOMINI (de) Antoine-Henri**
*Les Guerres de la Révolution (1792-1797)*
**JOXE Pierre**
*L'Édit de Nantes*
**JUDT Tony**
*Après-guerre*
**KAHN Jean-François**
*L'invention des Français*
*La tragédie de l'Occident*
**KNIBIEHLER Yvonne**
*Histoire des infirmières en France au XXe siècle*
**KRIEGEL Maurice**
*Les Juifs à la fin du Moyen Âge dans l'Europe méditerranéenne*
**LACARRIÈRE Jacques**
*En cheminant avec Hérodote*
**LACORNE Denis**
*L'Invention de la République américaine*
**LAURIOUX Bruno**
*Manger au Moyen Âge*
**LE BRIS Michel**
*D'or, de rêves et de sang*
**LEBRUN Jean**
*Notre Chanel*
**LE GOFF Jacques**
*La Bourse et la vie*
*Un long Moyen Âge*
**LE GOFF Jacques, SCHMITT Jean-Claude**
*Dictionnaire raisonné de l'Occident médiéval*
**LE NAOUR Jean-Yves**
*Le Soldat inconnu vivant*
**LENTZ Thierry**
*Le Grand Consulat*
**LE ROY LADURIE Emmanuel**
*L'État royal (1460-1610)*
*L'Ancien Régime (1610-1770)*
*t. 1 : L'Absolutisme en vraie grandeur (1610-1715)*
*t. 2 : L'Absolutisme bien tempéré (1715-1770)*
*Trente-trois questions sur l'histoire du climat*
**LEVER Maurice et Évelyne**
*Le chevalier d'Éon*
**LEVER Évelyne**
*Louis XVIII*
*C'était Marie-Antoinette*
*L'affaire du collier*
*Louis XVI*
**LÉVI Jean (traduction et commentaires)**

*Les Sept Traités de la guerre*
**LIAUZU Claude**
*Histoire de l'anticolonialisme*
**MALET-ISAAC**
*Histoire*
*t. 1 : Rome et le Moyen Âge (735 av. J.-C.-1492)*
*t. 2 : L'âge classique (1492-1789)*
*t. 3 : Les Révolutions (1789-1848)*
*t. 4 : La Naissance du monde moderne (1848-1914)*
**MANDROU Robert**
*Possession et sorcellerie au XVII^e^ siècle*
**MANTRAN Robert**
*Istanbul au siècle de Soliman le Magnifique*
**MARGOLIN Jean-Louis**
*Violences et crimes du Japon en guerre (1937-1945)*
**MARTIN-FUGIER Anne**
*La Bourgeoise*
**MAUSS-COPEAUX Claire**
*Appelés en Algérie*
**MILO Daniel**
*Trahir le temps*
**MILZA Pierre**
*Les derniers jours de Mussolini*
*Histoire de l'Italie*
*Garibaldi*
**MIQUEL Pierre**
*La Grande Guerre au jour le jour*
**MORICEAU Jean-Marc.**
*L'homme contre le loup*
**MOSSE George L.**
*De la Grande Guerre au totalitarisme*
**MUCHEMBLED Robert**
*L'Invention de l'homme moderne*
**MURRAY KENDALL Paul**
*Louis XI*
**NEVEUX Hugues**
*Les Révoltes paysannes en Europe (XIV^e^-XVII^e^ siècles)*
**NOIRIEL Gérard**
*Réfugiés et sans-papiers*
*Immigration, antisémitisme et racisme en France (XIX^e^-XX^e^ siècles)*
**PÉAN Pierre**
*Une jeunesse française, François Mitterrand, 1934-1947*
*Vies et morts de Jean Moulin*
**PELIKAN Jaroslav**
*Jésus au fil de l'histoire*
**PÉREZ Joseph**
*L'Espagne de Philippe II*
*Thérèse d'Avila*
**PERNOUD Régine,**
**CLIN Marie-Véronique**
*Jeanne d'Arc*
**PETITFILS Jean-Christian**
*Les communautés utopistes au XIX^e^ siècle*
*Le Régent*
**PÉTRÉ-GRENOUILLEAU Olivier**
*Nantes au temps de la traite des Noirs*
**PITTE Jean-Robert**
*Bordeaux Bourgogne*
**POMEAU René**
*L'Europe des Lumières*
**PORTIER-KALTENBACH Clémentine**
*Histoires d'os et autres illustres abattis*
**POURCHER Yves**

*Les Jours de guerre*
**POZNANSKI Renée**
*Les Juifs en France pendant la Seconde Guerre mondiale*
**PRÉPOSIET Jean**
*Histoire de l'anarchisme*
**RANCIÈRE Jacques**
*La Nuit des prolétaires*
**RAUCH André**
*Histoire du premier sexe*
**RAUSCHNING Hermann**
*Hitler m'a dit*
**RÉGENT Frédéric**
*La France et ses esclaves*
**RÉMOND René**
*La République souveraine*
**REVEL Jacques**
*Fernand Braudel et l'histoire*
**RICHARD Jean**
*Histoire des croisades*
**RICHÉ Pierre**
*Les Carolingiens*
**RICHÉ Pierre,**
**VERGER Jacques,**
*Maître et élèves au Moyen Âge*
**RIEFFEL Rémy**
*Les Intellectuels sous la Ve République (3 vol.)*
**RIOUX Jean-Pierre**
*De Gaulle*
**RIOUX Jean-Pierre,**
**SIRINELLI Jean-François**
*La France d'un siècle à l'autre (2 vol.)*
*La Culture de masse en France*
**RIVET Daniel**
*Le Maghreb à l'épreuve de la colonisation*
**ROCHE Daniel**
*Les circulations dans l'Europe moderne*
**ROTH François**
*La Guerre de 1870*
**ROUCHE Michel**
*Clovis*
**ROUSSEL Éric**
*Pierre Brossolette*
**ROUSSET David**
*Les Jours de notre mort*
*L'Univers concentrationnaire*
**ROUSSO Henry**
*Un château en Allemagne, Sigmaringen (1944-1945)*
**ROUX Jean-Paul**
*Les Explorateurs au Moyen Âge*
**SEGEV Tom**
*1967*
**SIRINELLI Jean-François**
*Les Baby-boomers*
*Les Vingt Décisives*
**SOUSTELLE Jacques**
*Les Aztèques à la veille de la conquête espagnole*
**SOUTOU Georges-Henri**
*La Guerre froide*
**SPEER Albert**
*Au cœur du Troisième Reich*
**STORA Benjamin**
*Les Trois Exils. Juifs d'Algérie*
*Messali Hadj*
*Les Immigrés algériens en France*
*De Gaulle et la guerre d'Algérie*
*Mitterrand et la guerre d'Algérie*
*Les guerres sans fin*
**STORA Benjamin,**
**HARBI Mohammed**
*La Guerre d'Algérie*
**THIBAUDET Albert**

*La République des Professeurs suivi de Les Princes lorrains*

**TRAVERSO Enzo**

*La Guerre civile européenne (1914-1945)*

**TROCMÉ Étienne**

*L'Enfance du christianisme*

**TULARD Jean**

*Napoléon*

*Les Français sous Napoléon*

*Napoléon. Les grands moments d'un destin*

**VALENSI Lucette**

*Venise et la Sublime Porte*

**VALLAUD Pierre**

*Atlas historique du XXe siècle*

*L'Étau*

**VERDES-LEROUX Jeannine**

*Les Français d'Algérie de 1830 à aujourd'hui*

**VERNANT Jean-Pierre**

*La Mort dans les yeux*

**VEYNE Paul**

*Le Quotidien et l'intéressant*

**VIDAL-NAQUET Pierre**

*L'Histoire est mon combat, Entretiens avec Dominique Bourel et Hélène Monsacré*

**VILLIERS Patrick**

*La France sur mer de Louis XIII et Napoléon Ier*

**VINCENT Bernard**

*Ainsi nous parle Abraham Lincoln*

**WEBER Eugen**

*La fin des terroirs*

**WEIL Georges**

*Histoire de l'idée laïque en France au XIXe siècle*

**WERNER Karl Ferdinand**

*Naissance de la noblesse*

**WIEVIORKA Annette**

*Déportation et génocide*

*L'Ère du témoin*

*Auschwitz*

**WINOCK Michel**

*Madame de Staël*

Lettres et arts

**ABÉCASSIS Armand, ABÉCASSIS Éliette**

*Le Livre des passeurs*

**ARNAUD Claude**

*Qui dit je en nous ?*

**BADIOU Alain**

*Beckett*

**BAECQUE (de) Antoine**

*La Cinéphilie*

*Godard*

**BARRÉ Jean-Luc**

*Mauriac. Biographie intime*

**BONFAND Alain**

*Paul Klee*

**CLARK Kenneth**

*Le Nu (2 vol.)*

**DAIX Pierre**

*Les Surréalistes*

*Picasso*

**DE DUVE Thierry**

*Résonances du readymade*

**DELON Michel**

*Le Savoir-vivre libertin*

**FERRIER Jean-Louis**

*Brève histoire de l'art*
*De Picasso à Guernica*
**GABLER Neil**
*Le Royaume de leurs rêves*
**GIRARD René**
*Mensonge romantique, vérité romanesque*
**GOODMAN Nelson**
*Langages de l'art*
**GRANET Danièle,**
**LAMOUR Catherine**
*Grands et petits secrets du monde de l'art*
**GRAVES Robert**
*Les Mythes grecs*
**GUILBAUT Serge**
*Comment New York vola l'idée d'art moderne*
**HASKELL Francis,**
**PENNY Nicholas**
*Pour l'amour de l'antique.*
**HEINICH Nathalie**
*L'Art contemporain exposé aux rejets*
**HURÉ Pierre-Antoine,**
**KNEPPER Claude**
*Liszt en son temps*
**KAMINSKI Piotr**
*Les 1010 grands opéras*
**KRISTEVA Julia**
*Beauvoir présente*
**LAZARD Madeleine**
*Rabelais l'humaniste*
**LE BIHAN Adrien**
*De Gaulle écrivain*
**LIÉBERT Georges**
*L'Art du chef d'orchestre*
**LOYER Emmanuelle**
*Paris à New York*
**MARTIN-FUGIER Anne**
*La Vie d'artiste au XIXe siècle*
*Les Romantiques*
**MAUBERT Franck**
*Le dernier modèle*
**MERLIN Christian**
*Au cœur de l'orchestre*
**MESCHONNIC Henri**
*De la langue française*
**MICHAUD Yves**
*L'Art à l'état gazeux*
*Critères esthétiques et jugement de goût*
*L'Artiste et les commissaires*
**ONFRAY Michel**
**Avec Jean-Yves Clément**
*La raison des sortilèges*
**PACHET Pierre**
*Les Baromètres de l'âme*
**POURRIOL Ollivier**
*Cinéphilo*
**RANCIÈRE Jacques**
*La Parole muette*
*Mallarmé*
**REWALD John**
*Le Post-impressionnisme*
*Histoire de l'impressionnisme*
**SABATIER Benoît**
*Culture jeune*
**SALLES Catherine**
*La Mythologie grecque et romaine*
**STEINER George**
*De la Bible à Kafka*
*Extraterritorialité*
**STEINER George,**
**LADJALI Cécile**

*Éloge de la transmission*
**TAPIÉ Victor L.**
*Baroque et classicisme*
**VALLIER Dora**
*L'Art abstrait*
**VIRCONDELET Alain**
*Albert Camus, fils d'Alger*
**VON DER WEID Jean-Noël**
*La Musique du XXᵉ siècle*

PAPIER À BASE DE
FIBRES CERTIFIÉES

Fayard s'engage pour
l'environnement en réduisant
l'empreinte carbone de ses livres.
Celle de cet exemplaire est de :
0,550 kg éq. $CO_2$
Rendez-vous sur
www.fayard-durable.fr

Imprimé en février 2016 par
CPI
29-0010-7/01